VERCELLI HOMILIES IX - XXIII

vercelli homilies ix-xxiii

edited by
PAUL E. SZARMACH

published in association with
The Centre for Medieval Studies, University of Toronto,
by University of Toronto Press
Toronto   Buffalo   London

© University of Toronto Press 1981
Toronto   Buffalo   London
Printed in Canada

Canadian Cataloguing in Publication Data

Vercelli book
   Vercelli homilies IX-XXIII

(Toronto Old English series)
Bibliography
ISBN 0-8020-5528-1

1. Anglo-Saxon prose literature   I. Szarmach, Paul
E. (Paul Edward), 1941-   II. University of Toronto.
Centre for Medieval Studies   III. Title   IV. Series

PR1495.A1 1981   829.8   C81-094484-7
ISBN 0-8020-5528-1

Publication of this book has been made possible by a grant from
the Subsidized Publications Fund of University of Toronto Press.

contents

GENERAL EDITOR'S PREFACE vii

ACKNOWLEDGMENTS ix

BIBLIOGRAPHY xi

MANUSCRIPT SIGLA xvii

ABBREVIATIONS AND SHORT TITLES xviii

INTRODUCTION xix

VERCELLI HOMILIES IX-XXIII 1

Homily IX	3	Notes	7
Homily X	11	Notes	16
Homily XI	19	Notes	21
Homily XII	23	Notes	24
Homily XIII	27	Notes	28
Homily XIV	29	Notes	32
Homily XV	35	Notes	39
Homily XVI	43	Notes	46
Homily XVII	51	Notes	53
Homily XVIII	57	Notes	62
Homily XIX	69	Notes	72
Homily XX	77	Notes	80
Homily XXI	83	Notes	88
Homily XXII	91	Notes	95
Homily XXIII	97	Notes	99

toronto old english series

General Editor
ROBERTA FRANK

Editorial Board
P.A.M. CLEMOES
J.E. CROSS
H. GNEUSS
J.F. LEYERLE
M.B. PARKES
E.G. STANLEY

1 *Computers and Old English Concordances* edited by Angus Cameron, Roberta Frank, and John Leyerle
2 *A Plan for the Dictionary of Old English* edited by Roberta Frank and Angus Cameron
3 *The Stowe Psalter* edited by Andrew C. Kimmens
4 *The Two Versions of Wærferth's Translation of Gregory's Dialogues: An Old English Thesaurus* David Yerkes
5 *Vercelli Homilies IX-XXIII* edited by Paul E. Szarmach
6 *The Dating of Beowulf* edited by Colin Chase

general editor's preface

The Toronto Old English Series, an offshoot of the Dictionary of Old English project, has three reasons for existence. The first is to publish Old English texts not yet in print, in order to provide citations for the Dictionary. The second is to replace editions whose treatment of the text is unsatisfactory for dictionary use. The third is to provide bibliographies, semantic studies, and other tools useful for the Dictionary.

Paul Szarmach's volume fits into the first category. The *Vercelli Book* contains twenty-three anonymous Old English homilies occupying more than two-thirds of the manuscript. Nine of the homilies are unique (nos. 6, 7, 11, 12, 13, 14, 16, 17, and 22); seven have never before been printed (nos. 10, 14, 16, 17, 18, 19, and 21). The present edition begins where Max Förster left off in 1932. It takes as its primary and urgent purpose the establishment of a reliable text for the last fifteen homilies of the *Vercelli Book*. Comprehensiveness has not been attempted since a volume with full introductions, analyses of sources and contents, linguistic and textual commentary, and glossary for all the Vercelli prose is being prepared by D.G. Scragg for the Early English Text Society and should appear within this decade.

The General Editor wishes to thank the Editorial Board of the series, and Angus Cameron, Editor of the Dictionary of Old English, who has given continuing support and made available all the resources of the Dictionary project.

The book has been printed by photo-offset lithography from camera-ready copy typed by Anna Burko. Her painstaking craftsmanship is apparent on every page.

R.F.
January 1981

acknowledgments

In the various versions and revisions of this edition I have had the benefit of the generous help of many friends and colleagues. Robin Oggins proofread much of the Old English text with me, while David Yerkes helped me with various final checks. Bernard Levy also assisted me in proofreading; George Brown tested some of the earlier material in one of his classes; Allan Eller, Wesley Mattox, and Gary Rubin proofread at the intermediate stages. Donald Scragg gave me helpful criticism throughout, shared with me his philological investigations, and often listened to my ideas about one problem or another. Morton Bloomfield and William Alfred encouraged me to develop my dissertation. I owe thanks to Msgr. Giuseppe Ferraris, archivist, the chapter library of the Cathedral, Vercelli; C.W. Ringrose, librarian, Lincoln's Inn; R.I. Page, librarian, the Parker Library, and his assistant Jane Rolfe; the staff at the Bodleian Library and the British Library; Angus Cameron and his assistant Susan Jupp for freedom of access to the microfilm collection of the Centre for Medieval Studies, University of Toronto, where much of my work was done in 1972-3; and especially Roberta Frank and Anna Burko, who gave generously of their time and advice.

I have been the grateful recipient of financial support from: the Committee on Scholarships and Fellowships, Harvard University; the Research Foundation of the State University of New York for Summer Fellowships in 1971 and 1972; and particularly the Society for Values in Higher Education through whose generosity I spent a year studying the backgrounds of Old English prose.

Lastly, I must thank my wife Mary Ann, who helped in typing and in proofreading, and who gave me her encouragement.

P.E.S.
January 1981

bibliography

Assmann, Bruno, ed.
1889 *Angelsächsische Homilien und Heiligenleben* (Kassel; repr. with supplementary intro. by Peter Clemoes, Darmstadt 1964)
Bäck, Hilding
1934 *The Synonyms for* child, boy, girl *in Old English: An Etymological-Semasiological Investigation,* Lund Studies in English 2 (Lund; repr. Nendeln/Liechtenstein 1967)
Becker, Wolfgang
1976 'The Latin Manuscript Sources of the Old English Translations of the Sermon *Remedia peccatorum,*' *Medium Ævum* 45: 145-52
Belfour, A.O., ed. and trans.
1909 *Twelfth-Century Homilies in MS. Bodley 343,* EETS o.s. 137 (London)
Bethurum, Dorothy, ed.
1957 *The Homilies of Wulfstan* (Oxford)
Bick, Josef
1908 *Wiener Palimpseste,* Sitzungsberichte der kais. Akademie der Wissenschaften in Wien, Philos.-hist. Klasse, Bd. 159, Abh. 7 (Vienna)
Bilhmeyer, D.P.
1911 'Un texte non interpolé de *L'Apocalypse de Thomas,*' *Revue Bénédictine* 28: 270-82
Bloomfield, M[orton] W.
1952 *The Seven Deadly Sins* (East Lansing, Mich.)
Bolton, Whitney F.
1961 'The Manuscript Source of the Old English Prose *Life of St. Guthlac,*' *Archiv für das Studium der neueren Sprachen und Literaturen* 197: 301-3
Bosworth, Joseph and Toller, T. Northcote
1898 *An Anglo-Saxon Dictionary* (London); *Supplement* by T. Northcote Toller (Oxford 1921)
Callison, Tolliver C.
1973 'An Edition of Previously Unpublished Anglo-Saxon Homilies in Mss. CCCC 302 and Cotton Faustina A. ix,' unpublished dissertation, University of Wisconsin-Madison
Campbell, Alistair
1959 *Old English Grammar,* 2nd ed. (Oxford)
Cappelli, A[driano]
1960 *Dizionario di Abbreviature latine ed italiane,* 6th ed. (Milan)
Colgrave, Bertram F., ed.
1956 *Felix's Life of St. Guthlac* (Cambridge)
Cook, A[lbert] S.
1888 *Cardinal Guala and the Vercelli Book,* University of California Library Bulletin 10
Cross, James E.
1956 ' "Ubi sunt" Passages in Old English – Sources and Relationships,' in *Vetenskaps-Societeten i Lund Arsbok* (Lund) pp. 23-44
1957 ' "The Dry Bones Speak": A Theme in Some Old English Homilies,' *Journal of English and Germanic Philology* 56: 434-9
1972 'The Literate Anglo-Saxon – On Sources and Dissemination,' *Proceedings of the British Academy* 58: 3-36
Damiani, Martina
1977 'Un inedito anglosassone: La XII omelia rogazionale del Codex Vercellensis,' *Romanobarbarica* 2: 269-85
Day, Virginia
1973 'The Influence of the Catechetical *Narratio* on Old English and Some Other Medieval Literature,' *Anglo-Saxon England* 3: 51-61

Dobbie, Elliott V.K., ed.
1942 *The Anglo-Saxon Minor Poems,* Anglo-Saxon Poetic Records 6 (New York)

Erickson, Jon L.
1972 'The Readings of Folios 77 and 86 of the Vercelli Codex,' *Manuscripta* 16: 14-23

Fadda, A[nna] M[aria] Luiselli, ed.
1977 *Nuove Omelie anglosassoni della rinascenza benedettina,* Filologia germanica, Testi e studi 1 (Florence)

Förster, Max
1893 'Zu den *Blickling Homilies,*' *Archiv für das Studium der neueren Sprachen und Literaturen* 91: 179-206
1913a *Il Codice Vercellese* (Rome) [first full facsimile ed. with Italian-version intro. of same material found in 1913b]
1913b 'Der Vercelli-Codex CXVII nebst Abdruck einiger altenglischer Homilien der Handschrift,' in F. Holthausen and H. Spies, eds., *Festschrift für Lorenz Morsbach,* Studien zur englischen Philologie 50 (Halle) pp. 20-179 [includes texts of IX, XV, and XXII, as well as still useful discussions of the manuscript and lexicography]
1932 *Die Vercelli-Homilien: I.-VIII. Homilie,* Bibliothek der angelsächsischen Prosa 12 (Hamburg; repr. Darmstadt 1964) [this unfinished ed. gives I-VIII with commentary; repr. omits first few lines of IX originally in 1932 ed.]
1955 'A New Version of the *Apocalypse of Thomas* in Old English,' *Anglia* 73: 6-36

Fontaine, Jacques, ed.
1967-9 *Vie de Saint Martin,* 3 vols., Sources chrétiennes 133-5 (Paris)

Funke, Otto
1962 'Studien zur alliterierenden und rhythmisierenden Prosa in der älteren altenglischen Homiletik,' *Anglia* 80: 9-36

Gatch, Milton McC.
1965 'Eschatology in the Anonymous Old English Homilies,' *Traditio* 21: 117-65

Goldman, Stephen
1970 'Basic and Marked Sentence Patterns in the Vercelli Homilies,' unpublished dissertation, University of Wisconsin-Madison

Gonser, Paul, ed.
1909 *Das angelsächsische Prosa-Leben des hl. Guthlac,* Anglistische Forschungen 27 (Heidelberg; repr. Amsterdam 1966)

Gradon, P[amela] O.E., ed.
1958 *Cynewulf's Elene,* Methuen's Old English Library (London)

Halm, Carl, ed.
1866 *Sulpicii Severi libri qui supersunt,* Corpus scriptorum ecclesiasticorum Latinorum 1 (Vienna)

Halsall, Maureen
1969 'Vercelli and the *Vercelli Book,*' *Publications of the Modern Language Association* 84: 1545-50
1971 'More about C. Maier's Transcript of the *Vercelli Book,*' *English Language Notes* 8: 3-6

Hecht, Hans, ed.
1900-7 *Bischof Wærferths von Worcester Übersetzung der Dialoge Gregors des Grossen,* 2 vols Bibliothek der angelsächsischen Prosa 5 (Leipzig 1900 [part I] and Hamburg 1907 [part II]; repr. in 1 vol. Darmstadt 1965)

Herben, Stephen J., Jr.
1935 'The *Vercelli Book:* A New Hypothesis,' *Speculum* 10: 91-4

Herzfeld, Georg, ed.
1900 *An Old English Martyrology,* EETS o.s. 116 (London)
Hoare, F[rederick] R., ed. and trans.
1954 *The Western Fathers* (New York)
Hulme, W[illiam] H.
1898 'The Old English Version of the *Gospel of Nicodemus,*' *Publications of the Modern Language Association* 13: 457-542
James, M[ontague] R.
1909-10 'Notes on Apocrypha,' *Journal of Theological Studies* 11: 288-91
1924 *The Apocryphal New Testament* (Oxford)
Jost, Karl
1950 *Wulfstanstudien,* Schweizer anglistische Arbeiten 23 (Bern)
Keller, Wolfgang
1906 *Angelsächsische Palaeographie* (Berlin)
1911 'Angelsächsische Schrift,' in J. Hoops, ed., *Reallexicon der germanischen Altertumskunde* (Strassburg)
Kemble, J[ohn] M., ed.
1848 *The Dialogue of Salomon and Saturnus,* Ælfric Society (London)
Ker, N[eil] R.
1934 'A Study of the Additions and Alterations in Mss. Bodley 340-42,' unpublished dissertation, Oxford University
1950 'C. Maier's Transcript of the *Vercelli Book,*' *Medium Ævum* 19: 17-25
1957 *Catalogue of Manuscripts Containing Anglo-Saxon* (Oxford)
Krapp, George P., ed.
1932 *The Vercelli Book,* Anglo-Saxon Poetic Records 2 (New York)
Lewis, Charlton T. and Short, Charles
1879 *A Latin Dictionary* (Oxford)
Maier, C.
1834 'Beschreibung des Codex Capitulare Vercellensis, n. CXVII,' London, Lincoln's Inn MS. Misc. 312
McCabe, Lynn L.R.
1968 'An Edition and Translation of a Tenth-Century Anglo-Saxon Homily, Vercelli X (Codex CXVII),' unpublished dissertation, University of Minnesota
McIntosh, Angus
1949 'Wulfstan's Prose,' *Proceedings of the British Academy* 34: 109-42
Menner, R[obert] J.
1948 'Anglian and Saxon Elements in Wulfstan's Vocabulary,' *Modern Language Notes* 63: 1-9
Middleton, Anne L.
1966 'The English Ways of Ælfric's Prose,' unpublished dissertation, Harvard University
Migne, J[ean]-P[aul], ed.
1841-79 *Patrologiae cursus completus ... series Latina,* 221 vols. (Paris)
Moricca, Umberto, ed.
1924 *Gregorii Magni dialogi, libri IV,* Fonti per la storia d'Italia 57 (Rome)
Morin, Germain, ed.
1953 *Sancti Caesarii Arelatensis sermones,* 2 vols., Corpus Christianorum, series Latina 103-4 (Turnholt)

Morris, R[ichard], ed.
1874-80 *The Blickling Homilies,* 3 vols., EETS o.s. 58, 63, 73 (London; repr. in 1 vol. 1967)

Napier, A[rthur] S.
1883 *Wulfstan: Sammlung der ihm zugeschriebenen Homilien, nebst Untersuchung über ihre Echtheit* (Berlin; repr. with bibliographical supplement by Klaus Ostheeren, Dublin 1967)
1900 *Old English Glosses: Chiefly Unpublished,* Anecdota Oxoniensia (Oxford)
1903-4 'Notes on the *Blickling Homilies,*' *Modern Philology* 1:303-8
1906 'Contributions to Old English Lexicography,' *Transactions of the Philological Society 1903-6:* 265-358

Otero, A. de Santos
1965 '*Apocalypse of Thomas,*' in R. McL. Wilson, ed., *New Testament Apocrypha,* 2 vols. (Philadelphia) II, 798-803 [English trans. of the German version of Edgar Hennecke, ed. Wilhelm Schneemelcher]

Peebles, Bernard L., trans.
1949 *Writings of Sulpicius Severus,* The Fathers of the Church 7 (New York)

Peterson, Paul W.
1951 'The Unpublished Homilies of the Old English *Vercelli Book,*' unpublished dissertation, New York University [edits XII, XIV, XVI-XXI]
1953 'Dialect Grouping in the Unpublished Vercelli Homilies,' *Studies in Philology* 50: 559-65

Remly, Lynn L. (see also McCabe)
1974 'Salome in England: A Note on "Vercelli Homily X",' *Vetera Christianorum* 11: 121-3
1978 '*Ars praedicandi:* Poetic Devices in the Prose Homily *Vercelli X,*' *Mid-Hudson Language Studies* 1:1-16

Roberts, Jane (Crawford)
1967 '*Guthlac:* An Edition of the Old English Prose Life, together with the Poems in the *Exeter Book,*' unpublished dissertation, Oxford University [not seen]
1970 'An Inventory of Early *Guthlac* Materials,' *Mediaeval Studies* 32: 193-233
1979 *The Guthlac Poems of the Exeter Book* (Oxford)

Robinson, Fred C.
1972 'The Devil's Account of the Next World: An Anecdote from Old English Homiletic Literature,' in *Studies Presented to Tauno F. Mustanoja on the Occasion of his Sixtieth Birthday, Neuphilologische Mitteilungen* 73: 362-71

Sassi, G[iuseppe]
1755 *Archiepiscoporum Mediolanensium,* 3 vols. (Milan)

Schabram, Hans
1965 *Superbia: Studien zum altenglischen Wortschatz, Teil I* (Munich)

Scragg, Donald G.
1970 'The Language of the Vercelli Homilies,' unpublished dissertation, University of Manchester
1971 'Accent Marks in the Old English *Vercelli Book,*' *Neuphilologische Mitteilungen* 72: 699-710
1973 'The Compilation of the *Vercelli Book,*' *Anglo-Saxon England* 2: 189-207
1977 ' "Wulfstan" Homily XXX: Its Sources, its Relationship to the *Vercelli Book,* and its Style,' *Anglo-Saxon England* 6: 197-211 [discusses the style of homilies related to IX]

1979 'The Corpus of Vernacular Homilies and Prose Saints' Lives before Ælfric,' *Anglo-Saxon England* 8: 223-77

Sisam, Celia, ed.
1976 *The Vercelli Book,* Early English Manuscripts in Facsimile 19 (Copenhagen, London, and Baltimore) [includes important intro., esp. for the discussion of passages erased and defaced, pp. 51-8]

Sisam, K[enneth]
1913 'Epenthesis in the Consonant Groups *sl, sn,*' *Archiv für das Studium der neueren Sprachen und Literaturen* 131: 305-10
1953 'Marginalia in the *Vercelli Book,*' in K. Sisam, *Studies in the History of Old English Literature* (Oxford; repr. with corrections 1962) pp. 109-39

Skeat, Walter W., ed.
1881-1900 *Ælfric's Lives of Saints, Being a Set of Sermons on Saints' Days formerly Observed by the English Church,* 4 vols., EETS o.s. 76, 82, 94, 114 (London; repr. in 2 vols. 1966)

Stilwell, Robert
1947 'A Glossary for the Vercelli Prose Homilies,' unpublished dissertation, University of Texas-Austin

Suchier, W[alther]
1910 *L'Enfant sage* (Dresden)

Sweet, Henry, ed.
1871 *King Alfred's West-Saxon Version of Gregory's Pastoral Care,* 2 vols., EETS o.s. 45 and 50 (London; part I repr. 1909, 1934, 1958; part II repr. 1930, 1958)

Szarmach, Paul E.
1970 'Caesarius of Arles and the Vercelli Homilies,' *Traditio* 26: 315-23 [makes special reference to XIV, XIX, XX, and XXI]
1972 'Three Versions of the Jonah Story: An Investigation of Narrative Technique in Old English Homilies,' *Anglo-Saxon England* 1: 183-92
1973 'Vercelli Homily XX,' *Mediaeval Studies* 35: 1-26
1974 'Revisions for Vercelli Homily XX,' *Mediaeval Studies* 36: 493-4
1977 'MS. Junius 85 f. 2r and Napier 49,' *English Language Notes* 14: 241-6
1978 'The Vercelli Homilies: Style and Structure,' in Paul E. Szarmach and Bernard F. Huppé, eds., *The Old English Homily and its Backgrounds* (Albany, N.Y.) pp. 241-67 [provides in effect the literary intro. to IX-XXIII]
1979 'The Scribe of the *Vercelli Book,*' *Studia Neophilologica* 51: 179-88 [describes work of VS in IX-XXIII]

Thorpe, Benjamin, ed.
1840 *Ecclesiastical Institutes,* in B. Thorpe, ed., *Ancient Laws and Institutes of England,* 2 vols., fol. ed. in 1 vol., Great Britain Public Records Commission 28 (London)
1844-6 *The Homilies of the Anglo-Saxon Church: The First Part, Containing the Sermones catholici or Homilies of Ælfric,* Ælfric Society, 2 vols. (London)

Tischendorf, Constantinus von, ed.
1853 *Evangelia apocrypha* (Leipzig)

Trahern, Joseph B., Jr.
1977 'An Old English Verse Paraphrase of Matthew 25:41,' *Mediaevalia* 1 (Fall): 109-14

Tristram, Hildegard
1974 'Die *Leohtfæt*-Metapher in den altenglischen anonymen Bittagspredigten,' *Neuphilologische Mitteilungen* 75: 229-49

Turville-Petre, Joan
1963 'Translations of a Lost Penitential Homily,' *Traditio* 19: 51-78
Vleeskruyer, Rudolf, ed.
1953 *The Life of St. Chad: An Old English Homily* (Amsterdam)
Wasserschleben, Hermann, ed.
1885 *Die irische Kanonensammlung,* 2nd ed. (Leipzig; repr. Darmstadt 1966)
Weber, Dom R[obert]
1953 *Le Psautier romain et les autres psautiers latins* (Rome)
Whitbread, L.G.
1963 'Wulfstan Homilies XXIX, XXX, XXXI,' *Anglia* 81: 347-64
Wilhelm, F[riedrich]
1907 *Deutsche Legenden und Legendare: Texte und Untersuchungen zu ihrer Geschichte im Mittelalter* (Leipzig)
Willard, Rudolph
1925 'The Vercelli Homilies: An Edition of Homilies I, IV, V, VII, VIII, XI, and XII,' unpublished dissertation, Yale University
1949 'Vercelli Homily XI and its Sources,' *Speculum* 24: 76-87
Wormald, F[rancis]
1945 'Decorated Initials in English Mss. from A.D. 900 to 1100,' *Archaeologia* 91: 107-35
Wright, Thomas
1884 *Anglo-Saxon and Old English Vocabularies,* 2nd ed., 2 vols., ed. and collated by Richard Paul Wülcker (London; repr. Darmstadt 1968)
Wuelcker, Richard P.
1882 'Ueber das *Vercellibuch,*' *Anglia* 5: 451-65

manuscript sigla

The letters chosen to represent variant manuscripts derive from the 'standardized' list of sigla proposed by Scragg 1979. For further information on the manuscripts see Ker 1957. The Ker number is given for convenience.

A	Vercelli, Biblioteca Capitolare CXVII. Ker 394.
B	Princeton, N.J., The Scheide Library, The Blickling Homilies. Ker 382.
C(85)	Oxford, Bodleian Library, Junius 85. Ker 336.
C(86)	Oxford, Bodleian Library, Junius 86. Ker 336.
E	Oxford, Bodleian Library, Bodley 340. Ker 309.
G	Cambridge, Corpus Christi College 162. Ker 38.
H	Cambridge, Corpus Christi College 303. Ker 57.
J	London, British Library, Cotton Faustina A.ix. Ker 153.
K	Cambridge, Corpus Christi College 302. Ker 56.
N	Cambridge, Corpus Christi College 421. Ker 69.
P	London, British Library, Cotton Cleopatra B.xiii. Ker 144.
Z	London, British Library, Cotton Vespasian D.xxi. Ker 344.

abbreviations and short titles

art.	article
ch(s).	chapter(s)
cf.	'compare'
ed(s).	edition, edited, edited by, editor(s)
EETS o.s.	Early English Text Society original series
e.g.	'for example'
esp.	'especially'
f(f).	following
fol(s).	folio(s)
i.e.	'that is'
intro.	introduction
l(l).	line(s)
LWS	Late West Saxon
MS(S)	manuscript(s)
n.	note
no(s).	numbers
OE	Old English
p(p).	page(s)
r	recto
repr.	reprint, reprinted
trans.	translation, translator
v	verso
viz.	'namely'
vol(s).	volume(s)
VS	Vercelli Scribe

BH	Blickling Homilies (see Morris 1874-80). Cited by ed. homily no. (Roman numeral) and page (Arabic numeral), e.g. BH IX, 105-7.
BodH	Bodley 343 Homilies (see Belfour 1909). Cited by ed. homily no. (Roman), page (Arabic), and line (Arabic), e.g. BodH XII, 128.29-134.5.
CH	Catholic Homilies (see Thorpe 1844-6). Cited by ed. volume (Roman), page (Arabic), and line (Arabic), e.g. CH II, 100.34.
Fadda	Nuove Omelie anglosassoni (see Fadda 1977). Cited by ed. homily no. (Roman) and line (Arabic), e.g. Fadda X.32-113.
LS	Lives of Saints (see Skeat 1881-1900). Cited by ed. item no. and page (both Arabic numerals), e.g. LS 31, 218-313.
Napier	Wulfstan, Homilien (see Napier 1883). Cited by ed. homily no., page, and line (all Arabic), e.g. Napier 30, 147.29-148.7.
PL	Patrologia Latina (see Migne 1841-79). Cited by ed. vol. and column (both Arabic numerals), e.g. PL 76, 1111.

introduction

THE MANUSCRIPT

1/ *Contents* The Vercelli Book (Vercelli, Biblioteca Capitolare MS. CXVII) is a miscellany containing six Old English poems and twenty-three Old English prose pieces commonly called 'homilies'; the manuscript intersperses poetry with prose. There is no Latin in the manuscript, except for several short sentences and some small additions. Donald G. Scragg and Celia Sisam have described the compilation of the codex using different schemata:

Scragg		Sisam	
Group A		Section A (quire 1)	
	Homilies I-IV		Homily I
		Section B (quires 2-3)	
		B1	Homilies II, III
		B2	Homily IV
Group B		Section C (quires 4-9)	
1a	Homily V	C1	Homily V
1b	*Andreas, Fates of the Apostles*	C2	*Andreas, Fates of the Apostles*, Homilies VI-X
2a	Homilies VI-X		
2b	Homilies XI-XIV	Section D (quires 10-14)	
3	Homilies XV-XVIII		Homilies XI-XVIII, *Soul and Body, Deceit* (= *Homiletic Fragment*)
4a	*Soul and Body I, Homiletic Fragment I, Dream of the Rood*		
4b	Homilies XIX-XXI	Section E (quires 15-19)	
4c	Homily XXII	E1	*Dream of the Rood*, Homilies XIX, XX (first part)
Group C		E2	Homilies XX (last part), XXI, XXII, *Elene*, Homily XXIII
	Elene, Homily XXIII		

    Bibliography Förster 1913b and 1932, Krapp 1932, Scragg 1973, Sisam 1976, Szarmach 1979.

2/ *Description* The Vercelli Book consists of 135 leaves of a fine parchment which, though yellowish and thick in places, is semi-transparent enough to allow writing on the reverse to show through. The 135 leaves, measuring about 310 x 203 millimetres, are arranged in 19 gatherings numbered I-XIX and lettered A-T. Single leaves are missing after folios 42, 55, 63, 75, 83, 85, 97, 100, 103, and 111, and probably single blank leaves after folios 24 and 135. The number of lines per page varies from 23 to 33. There are numerous tears and holes, but in no case do they affect legibility. The Vercelli Book appears to be the work of one scribe.

3/ *Marginalia* The sign *xƀ*, found at the top of folios 119r, 121r, 123r, and 126r, could be an indication of a Canterbury origin of the manuscript. At Canterbury, but by no means only there, the sign *xƀ* was a prayer *X(riste) b(enedic)* and a pen trial. The remaining *marginalia* include the animals on folios 49v, 112r, 135r, the partly obliterated *eadgiþ* on 41v, the tag *writ þus* on 63v, and *cum* and *CUM PERUENISSE* on 136v.
    Bibliography Sisam 1953.

4/ *Ornament* There are three decorated initials: a large zoomorphic *H* begins *Andreas* 1478 (folio 49r), and two zoomorphic *M*'s (folios 106v and 112r) begin Homilies XIX and

XXI; Francis Wormald has identified these three initials as deriving from types found in MS. Junius 27. Initials are omitted on folios 46r and 52v; a large square capital awkwardly replaces a probably zoomorphic *M* at the beginning of Homily XX (folio 109v). Meagre decoration is matched by the sparing use of colour. The titles and beginning capitals and letters of XI-XIV (folios 71v, 73v, 75v, and 76v), a capital *I* (74r), and the touching of *amen* (76v) are in red ink. Celia Sisam notes the yellowish shading of *DE PURIFICATIONE SANCTA MARIA,* the title of XVII (folio 90v). Runes on folios 84r and 133r form the acrostic for *CYNWULF* (actually *FWULCYN*) and *CYNEWULF* respectively. On folio 99v the *M*-rune stands for *man;* on folios 128v and 131v the *Wynn*-rune stands for *wynn* 'joy.'

Bibliography Sisam 1976, Wormald 1945.

5/ *Manuscript Damage* In addition to the lost leaves, and the tears and holes mentioned in Section 2 above, the Vercelli Book shows signs of staining from a chemical reagent. C. Maier apparently attempted to use chemicals to bring out readings on folios 75v, 77r, 85v, 86rv, and 106v; why he applied the reagent to certain sections — e.g. 75v — is puzzling, for the text can be read with ease.

Bibliography Halsall 1971, Ker 1950.

HISTORY

6/ *Time of Composition* Wolfgang Keller dated the manuscript on palaeographical grounds to 960-80, while Max Förster assigned it more generally to the second half of the tenth century. Neil Ker, Celia Sisam, and others follow Förster. What internal evidence there is does not contradict the palaeographical evidence. If XI.70 ff. is indeed a reference to the Danes, then XI (and also XII and XIII) give as a *terminus a quo* the middle of the ninth century; they probably point to the last wave of Viking invasions in the tenth century. Neither the numerous references to the end of the world nor the apocryphal material in the homilies can be used to determine the date of the codex. Nor need the date of the manuscript version of the entire collection give the date of composition of any one piece in the collection.

Bibliography Förster 1913b, Keller 1906 and 1911, Ker 1957, Sisam 1976.

7/ *Place of Composition* There is no agreement yet on where the Vercelli Book was compiled. Max Förster's analysis of the language led him to believe that the Vercelli Book was written in Worcester, while Pamela Gradon suggests that Winchester or Canterbury might be a more likely place of origin. Donald G. Scragg has made a strong case for Canterbury, or more generally the southeast, as the place of origin; his intensive study of the language and of the compilation of the manuscript concludes that the codex is a Kentish compilation. Celia Sisam has suggested that the Vercelli Book is not the product of ' ... a great monastery, with flourishing scriptorium, trained scribes, and large library, but rather the product of a small house,' such as perhaps the restored nunnery of Barking Abbey, where a vernacular book was needed for private reading.

Bibliography Förster 1913b, Gradon 1958, Scragg 1973, Sisam 1976.

8/ *Provenance* How did a late tenth-century English miscellany come to rest in a North Italian library? Kenneth Sisam was able to date to the eleventh century and to identify as in North Italian script the excerpt from Psalm 26:19, accompanied by neums, which appears on the lower part of folio 24v. His discovery undermines the theory of later transmission to Italy, proposed by A.S. Cook, Rudolph Willard, and G.P. Krapp. Noting the many prominent Englishmen who made trips to Rome during the eleventh century, Sisam conjectured that one of them took the manuscript with him for private reading and left it in Vercelli. Förster had earlier surmised that the manuscript might have been loaned to Vercelli from Germany; Stephen J. Herben, Jr. had argued that Ulf, Bishop of Dorchester, might have taken the manuscript with him to Vercelli as a bribe to avoid losing his position by the decisions of the Synod held there in 1050.

Bibliography Cook 1888, Förster 1913b, Herben 1935, Krapp 1932, Sisam 1953, Willard 1925.

9/ *Modern History* Although there are earlier notices that may refer to the Vercelli Book, the first clear reference appears in a letter written by the biblical scholar and manuscript expert Giuseppe Bianchini to Cardinal Vittorio della Lancie in 1748. It was not until 1824, however, that the existence of the Vercelli Book became public, when Friedrich Blume published his *Iter Italicum*. The news reached England eight years later when the German archivist Johann Martin Lappenberg informed Charles Purton Cooper, secretary of the Record Commission, that Blume had discovered 'a large volume of anglo-saxon homilies.' Efforts were made to obtain the book or at least a copy of it, and finally C. Maier was sent to Vercelli to transcribe Codex CXVII. The Record Commission accepted Maier's transcription and subsequently directed Benjamin Thorpe to publish the Vercelli poems. The edition was to have been printed as an appendix to Cooper's report on Rymer's *Foedera,* but the report never came out. The unpublished 'Appendix B' did circulate, however, and the Maier-Thorpe text was the only one available for the poetry of the Vercelli Book until R.P. Wülcker made his collations of 1881 and 1884. Celia Sisam notes that sometime in 1911-1912 the Vercelli Book was sent to the Vatican Library for restoration, where photographs were made for a facsimile edition, subsequently undertaken by Max Förster.

Bibliography Förster 1913a, Halsall 1969, Maier 1834, Sisam 1976, Thorpe 1840, Wuelcker 1882, Wright 1884.

LANGUAGE

10/ *Summary of Scholarship* Early philological investigations such as Max Förster's established that the language of the Vercelli Book is late West Saxon with an admixture of non-West Saxon forms. The first significant advance in the understanding of the prose took place when Paul W. Peterson suggested that the mixed forms might indicate the serial copying of sheaves of manuscripts from various sources. Using selected criteria in morphology, phonology, and vocabulary, Peterson showed that homilies XIV and XVI-XXI may be grouped according to dialect: late West Saxon – XIX, XX, XXI; late West Saxon with Anglian and Kentish features – XXI, XIV; late West Saxon with Anglian features – XVI, XVIII; late West Saxon with Anglian features, somewhat later than XVI and XVIII – XVII.

In his survey of Mercian literary activity Rudolf Vleeskruyer took up Förster's suggestions of Anglian connections, labelled homilies II, VI, X, XV, XVIII, XXI, and XXIII Mercian, and advanced the possibility that the Vercelli Book is a Mercian compilation. Vleeskruyer's call for a close linguistic examination of the Vercelli homilies was answered by Donald G. Scragg, in his unpublished 1970 dissertation. His conclusions, for the homilies treated in this edition, are:

IX demonstrably Anglian; probably tenth-century Mercian rather than ninth-century Anglian through an early West Saxon transcription
X Anglian in origin; probably not through an early West Saxon transcription; perhaps at least two late tenth-century copyings before inclusion in the Vercelli Book
XI-XIII probably tenth-century Anglian
XIV Anglian, possibly tenth-century Mercian
XV a late tenth-century Mercian product
XVI tenth-century Anglian, possibly Mercian
XVII Mercian with both early and late characteristics
XVIII Mercian, probably early tenth-century
XIX late West Saxon
XX late West Saxon (probably the 'latest')
XXI late West Saxon with a Mercian background
XXII Mercian in origin, probably tenth-century and perhaps through a Kentish copy
XXIII Anglian, perhaps East Midlands, through Kentish copying.

Scragg presents his findings cautiously, as reasonable inferences, not as indisputable facts. Hans Schabram's vocabulary study of Old English equivalents for *superbia* tend to support Scragg's conclusions; Schabram agrees that X, XII, XVI, XVIII, and XXI are Anglian in origin, while XIX and XX are either the products of radical Saxonizing of an Anglian original or are simply West Saxon.

Stephen Goldman's study of syntax using transformational grammar is the only extensive investigation of the syntax of the Vercelli homilies. Goldman concludes that the homilies conform in general to the syntax of ninth-century Old English prose with some characteristics anticipating the syntax of modern English.

Bibliography Förster 1913b, Goldman 1970, Peterson 1953, Schabram 1965, Scragg 1970, Vleeskruyer 1953.

PRESENTATION OF TEXT AND EDITORIAL PRINCIPLES

11/ *Homilies Included* Order, title, and foliation are as follows:

IX (untitled) folios 61r-65r
X (untitled) folios 65r-71r
XI *spel to forman gangdæge* folios 71v-73v
XII *spel to þam oðrum gangdæge* folios 73v-75v
XIII *spel to þriddan gangdæge* folios 75v-76v
XIV *larspel to swylcere tide swa man wile* folios 76v-80v
XV ALIA OMELIA DE DIE IUDICII folios 80v-85v
XVI OMELIA EPYFFANIA DOMINI folios 85v-90v
XVII DE PURIFICATIONE SANCTA MARIA folios 90v-94v
XVIII DE SANCTO MARTINO CONFESSORE folios 94v-101r
XIX (untitled) folios 106v-109v
XX (untitled) folios 109v-112r
XXI (untitled) folios 112r-116v
XXII (untitled) folios 116v-120v
XXIII (untitled) folios 133v-135v.

This edition of Homilies IX-XXIII completes Max Förster's 1932 edition of I-VIII and presents in print for the first time, complete, Homilies X, XIV, XVI-XIX, and XXI.

12/ *Introductions* Each homily is treated separately. For each, a brief introduction provides information on variant texts, Old English analogues, and Latin sources, when these are available; it also provides a bibliography of works helpful to the study of the particular homily. Under 'analogues' are included passages in texts whose wording is parallel to that in Vercelli passages; when 'cf.' precedes a citation, the passage cited is more parallel in sense than in wording. In the bibliography, items are listed by author and year only, full references being given in the general bibliography at the front of the book.

13/ *Text* This edition presents a conservative text of Vercelli Homilies IX-XXIII. The availability of two facsimile editions, Max Förster's (1913a) and Celia Sisam's (1976), make it unnecessary to produce a diplomatic text. The following editorial signs have been used:

< >	angle brackets enclose full word substitutions, or letters or words inserted into the Vercelli text, usually from variants which are cited in the notes. Insertions by the editor are normally not cited in the notes.
[ ]	square brackets enclose letters or words found in the Vercelli text that should be deleted.
___	underlining draws attention to letters that have been substituted for others in the Vercelli text. The Vercelli reading and the source of the substitution (except when editorial) are given in the notes.
† †	daggers enclose *loci desperandi*.
......	six successive periods signify gaps in the text for which no reasonable reading can be offered.
| |	vertical lines indicate transposition of words found in the Vercelli text.

14/ *Notes* Textual notes and other information essential for an understanding of each homily are provided in a block at the end of each text. Emendations to the Vercelli text are discussed briefly (if not attested they are by the editor); but no attempt has been made to supply in any consistent way lexical, phonological, or spelling variants from other manuscripts, or to offer full discussions of sources, backgrounds, or other illustrative material.

15/ *Technical Matters* Punctuation and capitalization follow normal editorial practice. Abbreviations and contractions have been expanded silently, although the Tironian note 7 has been retained. Word division is regularized on modern principles. Accent marks in the Vercelli text and variants are not printed; for a detailed discussion of the accents in the Vercelli text see Scragg 1971.

vercelli homilies ix-xxiii

homily ix, fols 61r-65r

Variants
E Bodley 340, art. 8, *Dominica .II. post Theophania, et quando uolueris*, fols. 35v-40v [supplies text where A is missing a leaf after fol. 63; heavily corrected by at least four hands]

OE Analogues
IX.1 similar openings found in VIII, BH XIV, BH XVII
   1-7 Napier 44, 225.13-24
   20-22 Napier 44, 226.4-8
   20-122 Fadda X.32-113; other material is, however, interpolated
   71-5 Napier 30, 147.29-148.7
   89-90 Napier 30, 146.8-11
   95-129 'The Theban Legend'; in addition to IX, E, Fadda X, and Napier 30, versions of this story appear in:
   — Cotton Tiberius A.iii, untitled, fols. 87r-88v, as printed in Robinson 1972 [the full version, superseding Kemble 1848];
   — Napier 43, 214.21-215.3;
   — CCCC 303, art. 40, *De inclusis*, p. 202, as printed in Fadda 1977, pp. 187-8 (introduction to X);
   — the now lost Cotton Otho B.x, art. 16 [see Ker 1957, no. 177].
   101-2 Napier 30, 147.19-23
E. 6 Napier 30, 146.11-12
   13-14 Napier 30, 146.13-24
   22 Napier 30, 147.17-18

Sources
No Latin source has yet been found, although Robinson 1972 notes that 'The Theban Legend' is reminiscent of the *Vitas patrum*. Cross 1972 suggests that, although the passage on the five likenesses of hell (ll. 66-88) has resemblances to a passage in the *Catéchèses celtiques*, IX and the *Catéchèses* are probably independent examples of the same theme.

Bibliography
Förster 1913b [prints IX with variants from E and with commentary, pp. 100-16], Ker 1934 [establishes one main corrector of E, viz. 'Rochester,' and at least three 'minor hands' that also corrected E], Scragg 1977

.iiii.
Men ða leofestan, manað us 7 myngaþ þeos halige boc þæt we sien gemyndige ymb ure sawle þearfe 7 eac swa ures þæs nehstan dæges 7 þære tosceadednesse ure sawle þonne hio of ðam lichoman lædde bion. 7 læten we us singallice bion on gemyndum 7 on geþancum
5 þæs egesfullican dæges tocyme, on ðam we sculon Gode riht agifan for ealles ures lifes dædum þe we sið oððe ær gefremedon fram fruman ures lifes <oð ðone> ende, forðan þe we nu magon behydan 7 behelian ura dæda; ac hie bioð þonne opena 7 unwrigena. Forþan we habbað micle nydþearfe, þa hwile þe we her syndon on þys lænan life 7 on þyssum gewitendlicum, þæt we þonne on þære toweardan woruld<e> mægen 7 moton becuman
10 to life þæs / heofoncundan rices 7 to þam wundre þære ecean eadignesse, þær we moton 61v
siððan orsorglice lybban 7 rixian butan ælcre onwendednesse mid him, emne swa ure Dryhten Hælende Crist, 7 mid eallum his halgum, gif we hit g<e>earnian willað mid urum godum dædum.

Nis þonne næniges mannes gemet þæt he mæge asecgan þara goda 7 þara yðnessa þe
God hafað geearwod eallum þam þe hine lufiað 7 his bodu healdan willað 7 gelæstan. Gif
þæt þonne bið þæt we willað wyrcean his willan 7 on his lufe þurhwunian, þonne magon
we ægðer ge us heofonrice geearnian ge ðonne eac þæt we magon gesæliglice befleon þa
stowe 7 þa dimman tintregan, þær helledioflu on syndon mid eallum hyra weagesiðum 7
mid þam sawlum þe hyra larum hlystað 7 be hyra larum lybbað 7 to Gode gecyrran nellað
þurh soðe andetnesse mæssepreosta 7 þurh soðe bote, swa se halega lareow cwæð: 'Wa la
ðam mannum þe sculon mid dioflum habban geardungstowa, forðam þær is sar butan
frofre 7 þær is yrmð butan are 7 þær is weana ma þonne hit ænig man wite to asecganne,'
swa hit on ðam sealme by ðam awriten standeð. He cwæð se sealmscop þurh Dryhtnes
gife: 'Hwylc man is <on deaðe> þætte he sie Dryhtnes gemyndig, oððe hwylc is ðætte
hyne on helle andette!' 7 se sealmscop us sang þis be deaðes onlicnesse 7 be hellegryre.

Þonne syndon þry deaðas liornode on bocum. Þæt is þonne se æresta deað her on
worulde, þæt se man [se ðe] mid mænegum synnum oferhealden bið. Þonne / is se æftera
deaþ þære sawle gescead[wisnes] 7 lichoman. Þonne is se þridda deað þæt þa sawla sculon
eardigan on helle þær nis nænig man þætte mæge his Scippend herigan for ðam sare þe
him onsitet.

Emne swa ða þry deaðas syndon fyrenfulra, swa þænne syndon þreo lif be ðam soð-
fæstum: an lif is þæt he bið on flæsce; þonne is oðer lif ðæt bið on Godes wuldre; 7
þridde lif is on þære toweardan worulde mid eallum halgum. 7 se deað is þænne forþan to
ondrædanne, forðan hine ne mæg nænig man forflion. 7 se deað is nyðerlic, 7 he is forþan
nyðerlic se deað: þeah se man gewite in ða neowelestan scrafa 7 on þa deoppestan dene þe
on middangearde sy, þonne sceal he þeahhwæðere sweltan. And se deað is forþam uplic:
þeah se man astige ofer þone yfemystan dæl þæs hyhstan holtes, swa þeahhwæðere hiene
se deað geseceð. And se deað is swiðe manigfealdlic 7 egeslic. 7 he is forþan mænigfealdlic:
þeah se man eardige in middum burgum 7 on midre his mægðe 7 betweox hundteontegum
þusenda manna, þonne sceal he hwæðere sweltan. 7 se deað is forþan egeslic, þæt nænig
man swa feor ne gewiteð ut on westen 7 swa þeah he ne mæg þone deað forflion. Se deað
is gionlic forðan þe <he> cild cwelað 7 unmagan. 7 se deað is freolic 7 þeowlic forþan
cyningas sweltaþ 7 eac þeowemen. 7 se deað is dyslic 7 snotorlic forþan þe gedwolan
sweltaþ 7 uðwitan. Forðan se deað is unrotlic 7 bliðelic, forþan synfulle sweltaþ / 7 eac
halige — þy byð wel wyrð<e> þæt se deað sy unrotlic fyrenfullum mannum. Forþan is
deað to ondrædanne forþan he ne myrneð geongum.

Forðan we sculon ure sawle georne tilian 7 hy geornlice Gode gegearwian. Ne mæg
þonne eall manna cyn mid hyra wordum ariman þa god þe God hafað soðfæstum sawlum
geearwod togeanes for hyra gastlicum worcum. 7 se deað is forþan to drædenne, forþan
ealle þa [gedæledan] sawla <he to>dæleð. 7 þonne bið eallum cuð þæt sio sawl gedeð
beforan hire. 7 þonne hwæðere bið beforan hyre gemeted swa god swa yfel swa he<o> ær
geearnod hæfde.

Is us eac þonne to behealdanne þæt we nu onwarigan þone tocyme † þæt hira ne sy to
feala   † Þonne is þæt ærest<e> gedal wið eallum his freondum, forðam him nænig æfter
ne weneð þæt him ænig to cyme. Æghwylcre sawle bið on sundrum toscyred; 7 sio bið
swylce hyre se lichoma ær geworhte. Þonne hreoweð hyre swiðe þa yfelan dæda; 7 þonne
hie hit awendan ne magon, þonne nellað hie †   † 7 ðonne is þæt þridde gedal wið eallum
eorðwarum; forþan he næfre eft to eorðwarum ne gehwyrfeð. Ne bið funden beforan him,
ne huru æfter boren <nan god>, buton he ær his gast mid godum weorcum gefrætewod
hæfde þa hwile þe he wære mid mannum. Ðonne bið þæt feorðe gedal þæt hine man
gedæle wið þyssum eor<ð>licum þrymme 7 plegan 7 blisse; 7 him for þyssa nænegum ne

bið gleng witod. Þonne bið hit swa egeslic for þære biternesse þe on him bið gecyðed.
Forþan he betyneð þa eagan fram gesyhðe / 7 þa earan fram gehyrnesse 7 þa weloras fram
spræce 7 þa fet fram gange 7 þa handa fram weorce 7 þa næsðyrelu fram stence.

55 Ðonne æfter þon betyneð he ða scyldegan on helle. Wa ðam þæt bið þæt he þonne
sceal bion betyned on helle. Þonne is leornod on bocum þæt on þysse worulde syn fif
onlicnessa be hellegryre. Sio æreste onlicnes is nemned wærc. Forðan se wærc bið miceles
cwelmes ælcum þara þe he tocymeð, forðan hine sona ne lysteð metes ne dryncces, ne him
ne bið læten gold ne seolfor, ne ðær ne bið ænig wuldor mid him þæt he forewynsumige,
70 þeah him syndon ealle wuldordreamas togelædde. Þonne is þære æfteran helle onlicnes
genemned oferyldo, forþan him amolsniað þa eagan for ðære oferyldo ða þe wæron gleawe
on gesyhðe. 7 þa earan adimmiað, ða ðe ær meahton gehyran fægere sangas; and sio tunge
awistlað þe ær hæfde gerade spræce; 7 þa earan aslaw<i>að þe ær wæron ful swifte to
gehyranne; 7 þa handa awindað þe ær hæfdon ful hwate fingras, 7 þæt feax afealleð þe ær
75 wæs on fullere wæstme; 7 þa teð ageolewiað, þa þe wæron hwite on hywe; 7 þæt oroð
afulað þe wæs ær swete on stence. Ðonne is þære þriddan helle onlicnes her on worulde
deað genemned, forþan þonne se man sceal sweltan, þonne swyrceð him fram þæs huses
hrofe ðe he inne bið. Þonne nis nænig strengo þæt hine arære, forðan he ne bið gelustfullod
metes, ne he ne gymeð þysses eorðlican rices torhtnessa. Ðonne is ðære feorðan helle on-
80 licnes byrgen / nemned, forþan þæs huses hrof bið <gehneged> þe him onufan ðam
breostum siteð, 7 him mon þonne deð his gestreona þone wyrsestan dæl, þæt is, þæt hine
ne swiceð on nanum regule. Hafað him þonne syððan þry gebeddan, þæt is þonne greot 7
molde 7 wyrmas. Þonne is þære fiftan helle onlicnes tintrega genemned, forðan þænne nis
nænig man þæt mæge mid his wordum asecgan hu mycel þære fiftan helle sar is. 7 þeah
85 .uii. men sien 7 þara hæbbe æghwylc twa 7 hundsiofontig gereorda, [7] swa feala swa ealles
þysses middangeardes gereorda syndon, and þonne sy þara seofon manna æghwylc to alife
gesceapen 7 hyra hæbbe æghwylc siofon tungan 7 þara tungena ælc hæbbe isene stemne
[7] þonne hwæðre ne magon þa ealle ariman hellewitu. 7 emne swa mycel swa fram heo-
fenes hrofe is to þysse eorðan, þonne is leornod on halgum bocum þæt sio hel sie swylc<e>
90 twa deop 7 nis na ðe unwidre. Þæt hus is mid swiðe ongristlice <fyre> afylled, 7 hellehus
hafað forclas micle. Se nama is to geþenceanne ælcum men butan hwæs heorte sie mid
diofles stræle þurhwrecen. Forþy nis nan man þæt he þonne aweg hine astyrian mæge; 7
forðam is mycel þearf æghwylcum men to onwariganne þam þe ænig andgit hæbbe oðð<e>
wisdomes ænigne dæl þæt he þis symle hæbbe on gemyndum þære egesfullan stowe.
95 Forþan gif hwylc man bið on helle ane niht, þonne bið him leofre, gif he þanon mot
þæt he hangie siofon þusend wintra on þam lengestan treowe ufeweardum þe ofer sæ
standeð on þam hyhstan sæclife /

7 syn þa fet gebundene to ðam hehstan telgan 7 þæt heafod hangige ofdunrihte 7 þa fet
uprihte, 7 him sige þæt blod ut þurh þone muð, 7 hine þonne gesece ælc þæra yfela þe
æfre on helle sy, 7 hine ælc yð gesece mid þam hehstan þe seo sæ forðbringð, 7 þeah hine
ælc tor gesece þe on eallum clyfum syndon, þonne wile he eall þis þrowian wiððan þe he
5 næfre eft helle ne gesece.
Wa þam mannum þe beoð ge<teohhode> to ðære stowe, forðan þær is wop buton
frofre 7 hreow<nes> buton reste 7 þær bið þeowdom buton freodome 7 þær bið unrotnys
buton gefean 7 þær bið biternys buton swetnysse 7 þær bið hungor 7 þurst 7 þær bið
granung 7 geomrung 7 micel / wroht. 7 hi wepað heora synna swiðe biterlicum tearum. 7
10 on heom sylfum beoð ealle heora synna gesene, þa ðe hi ær geworhton, 7 ne mæg nan
oðres gehelpan. Ac hi þonne onginnað singan swiðe sorhfulne sang 7 swiðe wependre

stemne: 'Nu we magon sceawian ealle ure synna beforan ealre þysse mænigo, þeah we hyo ealle ær geworhton.' Ne bið þær gesibbes lufu to oðrum. Nis þær nan man þæt þær sy his Scyppendes gemyndig for ðam sare þe him onsiteð; 7 þær beoð þa sawle forgytene ealra
E 15 þæra þe hi ær on eorðan gemetton.

Sægeð hit eac on bocum þæt sum deoflesgast sæde anum ancran ealle helle<gryras> 7 þara sawla tintrega, 7 he sæde þæt eall þes middaneard nære þe mare dryges landes ofer þone micclan garsegc þe man ænne prican aprycce on anum brede. 7 nis þes middaneard swilce se seofoða dæl ofer þone micclan garsecg se mid micclum ormætnyssum ealle þas
E 20 eorðan utan ymbligeð. 7 lytel dæl is under heofonum dryges landes þæt hit ne sy mid garsecge oferurnen.

Wa bið þam sawlum þe on helle beon sceolon, forðan þe þæt hellehus is mid swiðe laðlicum gastum afylled.

Uton we, men ða leofestan, nu we syndon gegaderode on ðysne drihtenlican dæg
E 25 † we   for Godes lufan   † þæt we

beflion þa hellewita forþan hit is ðærinne swiðe sarlic to wuniganne.
100 Ac utan geearwian us nu ða mid inneweardum gebedum 7 mid gæstedome þæt we ne weorðan aslidene innon þa fyrenfullan þystro þæt synfullum sawlum is geearwod on helle togeanes. Ac utan þydan us to þam uplican rice, forðan þær is þæt wuldor þæt nænig man ne mæg mid his wordum asecgan ða wynsumnesse þæs heofoncundan lifes. Ðær bið lif butan deaþe 7 god butan ende 7 yld butan sare 7 dæg butan nihte; and þær bið gefea butan unrotnesse 7 rice butan awendednesse. 7 ne þearf man næfre ne sunnan ne monan ne
105 næniges eorðlices liohtes, forðan þær is se ælmihtiga Dryhten scinendra 7 liohtra þonne ealle oðre lioht. 7 þær æfre aspringað ða wuldorlican dreamas 7 þa þrymlican sangas ðam ðe on hyra midlene wiorðan <mot>. Þær bið se sweta stenc 7 sio syngalu lufu 7 sio wiensumnes butan ælcere unwynsumnesse. Ne þær ne bið hunger ne ðurst ne cyle ne bryne ne nænig unwynsumnes gemeted.
110 Þonne swa ðæt dioful sæde þam ancran be hellegeryne swa he him ær ræde be heofenarices wuldre. Swa ðæt dioful cwæð to ðam ancran: 'Þeah þær sy eal smætegylden mor æt sunnan upgange on neorxnawange 7 sio oferhlifað ealle iorðan, 7 se man mote sittan swa dyre swa cynebearn ofer ðam gyldenan more 7 hæbbe Salemanes wlite 7 wisdom, 7 him sie eal middangeard on geweald geseald mid ðam gestreonum þe geond ealne middan<geard>
115 syndon, 7 him / sy ælce niht niwe bryd to bedde gelæd 7 sio hæbbe Enone wlite, Saturnes dohtor, 7 ælc stan sy gylden, 7 ealle þa streamas hunige flowen, 7 him þonne ne sie ofer eorðan nænig wiðerbreca, 7 þeah þe <him> syn ealle sundercræftas 7 wuldorsangas in gesamnode, 7 þeah þe hiene ealle frefran 7 him sien ealle swetnessa togelædde mid þam fægerestan gestreonum, 7 him þonne sy singal sumor butan ælcre onwendednes, 7 he mote
120 a lybban <butan> sare, 7 þonne, gif he wære her ane niht on heofonarices wuldre, þonne for<geate> he þæt he ær on þyssum wuldre gelyfede, þe ic ær bi sæde, ofer þæt heofenarice þe he ær on wæs þa ane niht, 7 he eft ne mote to heofenarices wuldre. 7 him þær ne bið nanes gefean to lytel, forþan he mot þær a lybban 7 on wundre 7 on wiorðunge butan ælcre onwendednesse mid þara nigon endebyrdnessa engla 7 heahengla 7 þær wesan Gode
125 gecweme. Þær bið eallum halgum alif sceapen betweox englum 7 heahenglum 7 heahfæderum 7 witegum 7 apostolum 7 mid martyrum.' 7 þencen we togeanes his tocyme, þæt is se egesfullica domesdæg, þæt us þonne ne ðurfe scamigan, þonne he us nealæcð, þæt he us gesion wille. Forþan þæt bið mycel scamu þæt man his sylfes scamige on þam myclan gemote.
130 Þæt we nu gehyrdon secgan, þæt we ure synna geswican sculon 7 þa betan dæges 7

7 Homily IX

nihtes. 7 þurh þa ylcan þing we magon þe eað gedon þæt eorðcundlice men magon ge-
wiorðan hiofonwlitige, gif hie willað eaðmodlice Gode þeowigan 7 hyran, 7 þær bið gelic
hiofenarices wlite.
    Eala, / mycel is on bocum leornod 7 hit is soðlice eal gesewen. Sagað hit þæt on helle   65r
sy an hund. Ne meahte hit þæt dioful þam ancran eall asecgan hu mycel þær\<e\> sawle
witu bioð þe to him bioð gescyrede. He hafað hundteontig heafda, 7 he hafað on ælcum
heafde hund eagena, 7 ælc þara egena is fyre hat\<re\>. 7 he hafað .c. handa, 7 on ælcre
handa hundteontig fingra, 7 on ælcum fingre .c. nægla. 7 hyra is ælc on nædran wisan
ascyrped.
    Eala, min Dryhten, laðlic is hit forðy on helle to bionne! Wa ðam sawlum þe þe ðær
bion sculon. Hwæt, we nu gehyrdon secgan hwylc hit is on helle to bionne! Forðan we
sculon geswican urra synna 7 Gode eaðmode bion mid ælmessum 7 mid godum weorcum.
7 secen we ure cyrcean mid clænnesse 7 mid hlutran mode, 7 bidden we eaðmodlice bene
þæt we ne wiorðan geteodde on þa hellewitu. Gif we þænne swa don wyllað \<swa\> us
Dryhten \<ge\>boden hafað, þonne moton we mid him 7 mid his þam halegan gæste
wunigean in ealra worulda woruld. Amen.

---

1 *.iiii.*: see note to X.206
2 *Men:* square capitals in black ink
6 \<*oð ðone*\>: supplied from E
10 *wundre:* Förster 1913b proposed *wuldre,* on basis of E
12 *g\<e\>earnian:* first *e* supplied from E; cf. l. 15
15 *geearwod:* Förster 1913b proposed *gegearwod* here and at ll. 49, 99, and 100
18 *dimman: i* followed by erasure; Sisam 1976 suggested original *e* was replaced by *i* with nasal stroke
24-5 Psalm 6:6, 'Quoniam non est in morte qui memor sit tui, in inferno autem quis confitebitur tibi.' *Vespasian Psalter,* i.e. the Roman version
24 \<*on deaðe*\>: supplied from E
    oððe hwylc: w of *hwylc* from *þ,* according to Sisam 1976
28 *gescead[wisnes]:* A and E read *gesceadwisnes;* Förster 1913b proposed *gescead,* on basis of 'Rochester's' correction *gedal* in E
36 *sweltan:* followed by space for about 6 letters
42 *gionlic:* A originally read *giornlic,* E *geornlic;* in each case *r* has been erased. Förster 1913b cited Herzfeld 1900 (p. 156, l. 18 note) to show that *gionlic = gionglic.* Fadda X.49 reads *iunglic.*
    cwelað: second *l* erased; Fadda X.50 reads *cild sweltaþ 7 unmagan*
    þeowlic: deoplic AE; emendation suggested by Fadda X.50
43 *dyslic: þislic* A; *þristlic* E
    gedwolan: geþeowan A; *dysige* E; emendation to *dwolan* suggested by Fadda X.52
45 *wyrð\<e\>: e* supplied from E
50 \<*he to\>dæleð: hio dæleð* A; emendation based on E
49-58 Fadda X.60-65 has elements of this passage: 'þæt æryste gescead bið lichomon 7 saule; þæt bið syþðan uncuþ, hwæþer seo saul gemeteþ swa god swa yfel, swa hire gegearwod bið and hire geearnung wæs on worulde, forþæm æghwylcum bið sundorstow geteod þa ðe he him selfa ær geworhte; þonne is þridd gescead wið eallum eorþweolum.'
53-7 There are at least three omissions in this passage: the 'four partings' are not intro-

duced with some transition statement, the second parting receives no introduction, and the clause *þonne nellað hie* is incomplete. E gives the following equivalents: *þæt we nu ... feala: þæt þæra yfela 7 þæra unrihta ne sy ealles to fela myd us*. *þæt* is written above the line and the first *þæra* is preceded by an erasure. *myd us* is written above the line and preceded by an erasure. The interlinear corrector in E is 'minor hand one.'

forðam ... cyme: E now reads *forðan him nan mann to ðan swiðe ne ondræt þæt he him to ne cume.* 'Minor hand one' and 'Rochester' have changed *nænig* to *nan* and *ondrædað* to *ondræt* respectively. The sense appears to be 'for no man is so much afraid (as when he is afraid that) he will not come to them (i.e., his friends).'

toscyred; 7 sio: 'Rochester' and 'minor hand three' alter the original to *7 se dom.*

þonne hreoweð ... nellað hie: lacking in E

54 *ærest<e>*: final *e* supplied from E
55 *weneð*: *wedeð* A; emendation proposed by Förster 1913b
59 *<nan god>*: supplied from E
67 *wærc ... wærc: wræc ... wræc* A; emendation proposed by Förster 1913b, on basis of E. Fadda X.73 has *worc* for the first *wræc* and a different wording altogether for the next sentence.
72 *adimmiað*: A and E agree, but Fadda X.78 reads *adeafiað*
73-4 *þa earan ... gehyranne:* lacking in E, but Fadda X.79-80 reads *7 þa fet aslapaþ þa ðe ær wæron swifte 7 hræde to gange.* Since A also mentions ears in l. 72, the repetition here is suspect. Napier 30 gives a blend of A readings: *7 ða earan aslawiað þa þe ær wæron ful swifte 7 hræde to gehyrenne fægere dreamas 7 sangas.*
73 *aslaw<i>að*: *aslapað* A; emendation based on Napier 30
74 *afealleð*: *afulað* A; emendation based on E and Napier 30
80 *<gehneged>*: *nemned* A; emendation based on E
81 *wyrsestan: wisestan* A; emendation based on E
86 *alife:* retained by Förster 1913b and glossed by him as 'eternal life'
90 *<fyre>*: *frea* A; emendation based on E
92 *þonne:* Förster 1913b cited E's *þanon* as a preferable reading
97 *sæclife:* below the last line of fol. 63v *writ þus* appears; Sisam 1953 described the hand as 'rather later than that of the text.'
E 1 One folio is missing after 63. The text in E is about one quarter shorter than its equivalent in A would have been. As noted in the introduction, E is heavily corrected.
E 4 *þis:* followed by erasure of *luflice*
E 6 *Wa:* followed by erasure of *bið*
beoð: ð underdotted
ge<teohhode>: original *teohhode* is erased and *vel tealde* is written above line by 'minor hand one'
E 7 *hreow<nes>: nes* written above line by later hand
E 12 *hyo:* altered from *hio (?)*
E 13 *Nis:* preceded by erased 7
nan: altered from *nænig* by 'minor hand one'
þæt: Förster 1913b proposed emendation to *þe,* following Napier 30
E 14 *onsiteð:* ð underdotted and *t* written above; *e* possibly underdotted
þæra: followed by *þynce* written above line by a later hand
E 16 *sægeð hit:* 'Rochester' indicates transposition by pointing; *e* underdotted
helle<gryras>: hellegereord E; emendation suggested by Förster 1913b, following

9 Homily IX

Napier 30

sæde: written over erasure of original *wæs cweðende* by 'Rochester'

E 19 *se mid: se* followed by a comma and an unclear insertion above line

E 24 *Uton:* preceded by erased *ac*

E 24-5 *dæg ... þæt we:* this passage has been much changed. A later hand has crowded in *þæt* after *dæg*. Ker 1934 has described the erasures and insertions following *dæg:* 'The first erasure is of one letter, which must stand for *þæt* or *and;* the word following *we* was of three letters, the last *s,* and the first with a long stroke before the line. *on* can be made out after *lufan,* and *-nysse* as the ending of the following word; *ful* is written above this word in pencil; after *-nysse* about three more letters are erased. ? read *þæt we þæs for Godes lufan on geornysse syn ... geornysse* altered to *geornfulnysse.*' Above these changes a later hand has written *hogian georne.*

98 *beflion:* A resumes here

100 *þæt:* original E agreed with A, but a later hand changed *þæt* to *þe*

107 <*mot*>: supplied from E

112 *oferhlifað*: Förster 1913b suggested *oferhlifige,* following the Cotton Tiberius version of 'The Theban Legend'

114 *middan*<*geard*>: supplied from E

115 *Enone:* Förster 1913b suggested *Iunone,* the spelling in A reflecting an Anglian substitution of *eo* for *iu* mistaken as a diphthong

117 <*him*>: emendation proposed by Förster 1913b, following the Cotton Tiberius version of 'The Theban Legend'

120 <*butan*>: emendation proposed by Förster 1913b, following the Cotton Tiberius version of 'The Theban Legend'

120-22 *7 þonne ... wuldre:* the sense might be, 'and then, if he were in the glory of the heavenly kingdom for one night, then would he forget that he had previously lived in this glory (which I mentioned before) on account of that heavenly kingdom in which he spent a night, not being allowed to return a second time to the glory of the heavenly kingdom.'

121 *for*<*geate*> *he þæt:* Förster 1913b, following the Cotton Tiberius version, proposed that MS *for he þæt* be replaced by *he ne mæg for sorgum on eallum ðyssum wuldre wunian þæt* (etc.)

124 *wesan: wæron* A; emendation proposed by Förster 1913b

127 *domesdæg: domes* written above line

134 *hit is: i* of *is* written above line

135 *hund:* followed by erasure of about 9 letters. Förster 1913b suggested that *wita* may have followed *hund,* but E gives no indication of such a reading. Sisam 1976, noting Maier's estimate of 6 or 7 letters erased, tentatively suggested *nida* followed by a dot. *þær*<*e*> *sawle: þær swa le* A

136 *hundteontig: d* written above line

137 *hat*<*re*>*: re* supplied from E

144 <*swa*>: supplied from E. A has a stain over an erasure. Sisam 1976 cited Maier's estimate of 10-12 letters erased and his suggested reading *swa don wyllad* (sic).

145 <*ge*>*boden: beden* A; *beboden* E; emendation proposed by Förster 1913b

homily x, fols 65r-71r

Variants
There are six other versions of this homily, two complete, two partial, and two defective:
N   CCCC 421, art. 9, *Larspell,* pp. 170-208 [used by Napier 1883 as base-text for his (Pseudo-Wulfstan) 49]
K^1 CCCC 302, art. 33, *Feria .III. in letania maiore,* pp. 221-30 [collated by Napier 1883]
K^2 CCCC 302, art. 12, *Dominica .V. aut quando uolueris de uerbis domini,* pp. 78-83 [generally corresponding to X.92-end]
J   Cotton Faustina A.ix, art. 6, *Dominica .VII. aud quando uolueris de uerbis domini,* fols. 27v-31v [a partial version, as K^2]
B   BH IX, 105-7 (untitled, MS pp. 124-7) [collated by Napier 1883 (his b) and corresponding to X.2-28 and 205, the remainder being lost]
C(85)   Junius 85, art. 1, untitled, fol. 2r [corresponding to X.202-end; printed in Szarmach 1977]

OE Analogues
X. 2-7   Napier 44, 219.15-21
121-47   cf. Ælfric, CH II, 100.34 ff.
150-205   BodH XII, 128.29-134.5
151-83   Napier 30, 148.15-149.9
175-6   *Ecclesiastical Institutes* (Thorpe 1840, p. 467, l. 29)

Sources
X. 42-91   Paulinus of Aquileia, *Liber exhortationis,* ch. 62 (PL 99, 271-2)
121-34   anonymous, *Remedia peccatorum,* Vienna 994, fols. 105r-107v and Munich Clm 14470, fols. 1v-4r.

Bibliography
This homily (Napier 49) has received much scholarly attention. For full bibliography see K. Ostheeren's bibliographical supplement to the 1967 reprint of Napier 1883. Some significant works include Cross 1956, Funke 1962, Jost 1950, and Menner 1948. More recent studies are Becker 1976 [discusses the source for X.121-34], Callison 1973 [gives text of J with collation of K^2, intro., trans., and commentary], McCabe 1968 [gives text of X with variants and analogues (but not K^{2}J), intro., trans., and commentary], Remly 1974 [explains reference to Solomon on X.96], Scragg 1973 and 1977, Szarmach 1977 [gives text of C(85)] and 1978, and Trahern 1977 [discusses six lines of 'classical' verse in X, hitherto unnoticed].

.V.
Her sagað on þyssum halegum bocum be ælmihtiges Dryhtnes godspelle þe he him sylfum þurh his ða halegan mihte geworhte mannum to bysene 7 to lare. 7 he sylf gecwæð his halegan muðe: 'Þeah man anum men godspel secge, þonne bio ic þær on middan.' 7 þam
5   bioð syn/na forgifena þe ðæt godspel segð 7 gecwið; 7 synna þam bioð forgifene þe hit for   65v
Godes naman lustlice gehyreð; 7 þam bið wa æfre geworht þe secgan can 7 nele, forðam men sculon þurh ða godcundan lare becuman to life.
  We þonne, men þa leofestan, we gehyrdon oft secgan be ðam æðelan tocyme usses Dryhtnes 7 hu him man in ða woruld wiðþingian ongan. Þæt heahfæderas bodedon 7
10 cyðdon, þæt witegan witegedon 7 heredon, þæt sealmscopas sungon 7 sædon, þæt se wolde of ðam rice cuman 7 of ðam cynestole 7 of ðam þrymrice hyder on þas eorðan, 7 him þas

cynerico on his anes æht ealle geagnian. 7 eall ðæt wæs gelæsted, siððan heofenas tohlidon, 7 sio heah miht on þysne wang astah. 7 se Halega Gæst wunode in þam æðelan innoðe 7 in þam betstan bosme 7 in þam gecorenan hordfate. 7 in þam halegan breostum he eardode
15 nigon monoð. 7 þa ealra fæmnena wuldor cende þone soðan Scyppend 7 ealles folces Frefrend 7 ealles middangeardes Hælend 7 ealra gasta Nerigend 7 eallra sawla Helpend. Ða se ælmihtega Dryhten in þas woruld becwom 7 menniscne lichoman onfeng æt sancte Marian. Þurh þa byrðran we wæron gehælede, 7 þurh þæt gebiorðor we wurdon alysede, and þurh ða gesamnunge we wæron gefrioðode 7 gewelgode.
20   7 syððan he, Dryhten Crist, her on worlde wunode mid mannum <7 him feala wundra> cyðde 7 beforan worhte 7 him liðelice hælo sealde 7 his mildheortnesse tæhte. / Ær hie wæron stænenre heortan 7 blinde þæt hie þæt ongitan ne meahton þæt hie ðær gesawon. Ac þa se ælmihtega Dryhten afyrde him þæt unrihte wrigels of hyra heortan 7 onbyrhte hie mid leohte 7gyte, þa hie þæt ongeaton 7 oncnawan meahton hwa him to helpe 7 to
25 feorhnere on þas woruld astah. Syðþan he him mildheortnesse her ontynde 7 hie to geleafan onbryrde 7 his miltse him onwreah 7 his mægensybbe gecyðde. Ærþan we wæron steopcild gewordene; ða we wæron bewerede þæs hiofoncundan rices, 7 we wæron adilgode of þam þryðfullan frumgewrite. Ða we wæron to hiofonum awritene. Wæron we nu syðþan amearcode þurh þone soðan Scyppend 7 þurh þone lyfigendan <God> 7 þurh þone acen-
30 nedan sunu, urne Dryhten, to þan gefean neorxnawanges. Ne gelette us þæs siðes se frecna feond, ne us ðæs wilweges ne forwyrne, ne us þa gatu betyne þe us opene standaþ, ne us þære byrig ne ofteo þurh his lease brægdas, ne us ðæs rices ne forwyrne þe we to gesceapene syndon, ne us ne dwelle þæs rihtan geleafan þe we to gelærede syndon.
      7 we ða dryhtenlycan wære gehealden 7 þa syblycan lufan Godes 7 manna. Ne syn we
35 to gifre, ne to frece, ne to fyrenlusteorne, ne to æfestige, ne <to> inwitfulle, ne to tælende, ne to twyspræce, ne morðor to fremmanne, ne leasunga to secganne, ne þeofða to beganganne; ne wirignessa <we ne fylien>, ne heafodlice leahtras ne lufien, ne scincræftas ne herien we ne galdorsangas, ne unriht / lyblac ne onginnen we; ne to yðbylge ne <syn we> to langsum yrre næbben we. Ac <wið> þas uncysta ealle we us bebiorgen, þa ðe Gode
40 laðe syndon, 7 we þurh þæt þone awyrigedan gast aflymen 7 <gehynen> þurh ða hean myhte ures Dryhtnes.
      Forðan we a sculon bion ymbhydige ure sawle rædes 7 ure hiortan reccend<domes>, 7 gestaðeligen Gode to willan 7 geþencen þæne dom þe we to gelaðode syndon 7 ðone deman þe to þam dome cymeð. He demð rihtne dom. Ne bioð þær cyninga setl þrym-
45 mum gefrætewod butan þam anum þe ofer ealle a rixað. Ne bið þær forðborene gyldene beagas, ne bið þær hyra heafodgold ne woruldgestreon boren to þam sigedeman. Ac on þam gemote standeð anra gehwylces mannes sawl. Hio bið forð lædende ealle þa wiorc þe hio gefremede, godes oððe yfeles. Gif ðær þænne bið þara misdædena ma 7 þæs godes to lyt, þonne wynsumaþ se wiðerwearda feond 7 se awirigeda gæst on gesyhðe þæs reðan
50 cyninges, 7 he ðonne bealdlice cliopaþ to þam hean deman 7 ðus cwið: 'Dem, la, Dema, rihtne dom 7 emne dom. Dem be ðam þe þine bebodu forhogodon 7 þine æ abræcon, 7 symle hie besmiton mid synnum 7 gebysmeredon. Gearalice we witon þas heregas þry ðe mid þe wæron. An is se heofoncunda, se ðe mid fereð 7 þe þeniaþ; oðer is ðæt eorðlice mægen <þe þu her samnast 7 to þrymdome cumen is; ðridde is þæt helcunde wered> þe
55 hyder cwom to þan þæt hie woldon þine domas gehyran <7> hu þu þam forworhtum scrifan woldest. Eall þis mægen wat þe her to þys gemote com þæt <þin> heahsetl is þrymmes anes eall afylled 7 mid soðfæstnesse 7 mid rihtwisnesse geseted. Dem, la, Dryhten, rihte domas / 7 forlæt me mines rihtes wyrðe, þæs ðe ic me sylf begiten hæbbe: þæt wæron mine, þa ðe to þe noldon; <min riht is> þæt ic þa mid witum þreage, þa þe þine

60 hyrnesse forhogodon. Hie hie scyrpton minum reafum, nals ðam gewædum þe ðu hie hete. Hie wæron ungemetfæste eallum tidum ⁊ oferhidum to fulle ⁊ mines willan to georne. Þonn<e> hie gehyrdon þine bec rædan ⁊ þin godspel secgan ⁊ hira lif rihtan ⁊ him ecne weg cyðan, hy symle hiera earan dytton ⁊ hit gehyran noldon. Ac ðonne ic mine hearpan genam ⁊ mine strengas styrian ongan, hie ðæt lustlice gehyrdon ⁊ fram þe cyrdon ⁊ to me
65 urnon; ⁊ ic hie mine leahtras lærde, ⁊ hie me hyrdon georne, ⁊ ic hie to þeofðum tyhte ⁊ to geflite scyrpte ⁊ to inwitfullum geðancum. Þæt ic wolde, þæt hy a fremedon. Ac, hwæt, woldon hie in minon hordcofan ⁊ þin cynerice eal forgeaton. Æt me hie leornodon scondword ⁊ lease brægdas, ⁊ þine soðfæstan lare hie forgeaton ⁊ þinne dom ne gemundon, ac minre neaweste a wilnodon ⁊ þine forhogodon. Dem, la, ealra gesceafta Reccend ⁊ Scip-
70 pend ⁊ Steorend, dem rihtne dom. Hwæt, ðu þe sylfne ge<ead>meddest for hyra ealra lufan ⁊ for urre læððo. Þin feorh for hyra in deað þu gesealdest, ⁊ þu þe sylf on rode astige, ðær ðu ðæt þin halige blod on eorðan agute for him ⁊ <mid> þine þe æðelan swate gebohtest ⁊ mid þine þy deorwyrðan blode alysdest ⁊ gefreoðodest. ⁊ hie þe þæs leanes ealles forgeaton. Þa hie to me cyrdon, næfre ic him are ne gefremede, ne næfre
75 helpes geuðe, ac forlæt hie me in wite gelædan ⁊ in susle cwelman ⁊ þa mishyrnesse gewrecan þe hie wið ðe worhton.'

Hwæt, we nu gehyrdon secgan, / men ða leofestan, hu bealdlice spreceð þæt dioful to 67v þam Hælende ⁊ þa misdæda stæleð on þa gæstas. He þonne ofer eaxle besyhð se soðfæsta dema ⁊ se rihtwisa to ðam scyldegum ⁊ þus cwið worda grimmost: 'Nelle ic eow habban
80 on minre geferrædenne, ac ge fram me gewitað, wuldres bedælede, freondum afyrde, feondum betæhte <in þam> hatan wylme hellefyres, þær ge awirgedan sculon sincan ⁊ swincan in ðam hatan hellebrogan ⁊ in þam witum wunigan a butan ende.' Þænne bið Dryhtnes word hraþe gehyred; þam synfullan strengest bið se Dema þearl.

Habbað we þænne, men þa leofestan, micele nydþearfe þæt we ne syn mid þam scylde-
85 gum, ac mid þam gecorenum ⁊ mid ðam gedefum Cristes. We ðonne sculon his mildheortnesse geearnigan þæt <we> eft mildne deman hæbben. We wæron oft gemyndgode to ures Dryhtnes gehyrsumnesse þæt we scoldon his willan wyrcan ⁊ his bebodu healdan ⁊ rummode bion rihtra gestreona ⁊ þearfendum arfulle ⁊ wydewena helpend ⁊ steopcilda frefrend ⁊ earmra retend ⁊ wependra frefrend. ⁊ gif we ðas weorc ongynnað ⁊ gelæstað,
90 þonne bioð we Godes dyrlingas in hiofenum. Nis urum Hælende nan uht behyddes ne gediglodes þæs ðe men wyrcað on þysse worlde, forþan his eagan ofer eall gesioð.

Swa sanctus Iacobus sæde, Cristes apostol, hu se Hælend spræc to sumum welegum men þe he mid glengo ⁊ mid wiste gegodod hæfde. Ac he wæs ormod ⁊ swar, ⁊ him <wæs> lað þearfendum mannum aht to syllanne, ⁊ him wæs unyðe þæt he / for Gode aht dælde 68r
95 oððe <þam> sealde þe hit him ær eal forgeaf. Ac hyne se Hælend eft þara leana myndgode, ða he cwæð: 'Ne gemundest ðu na Salomones cwide þe he cwæð: "Do ælmyssan under þæs þearfan sceat<e> se cliopað to me, ⁊ ic hine <symle gehyre ⁊ mine miltse ofer þæne sende>." Emne hit bið gelice swa <man> mid wætere þone weallendan wylm agiote þæt he rixian ne mote; swa man mæg mid ælmyssan ealla synna gebetan ⁊ þa gyltas ge-
100 hælan. Þonne, ðu welega, hwi noldest ðu mine bebodu healdan? Ac se min þearfa aswæmde æt þinre handa. Hwi noldest þu geþencan hwa hit þe sealde? Þonne he cliopade earmre stemne, [⁊] þu wiðsoce þæt ðu hiene ne gehyrdest. <Ac> ic his giomrunga gehyrde ⁊ geseah hwæt ðu dydest minum þearfan, þam þe þe mildheortnesse bædon, ⁊ þu hie oferhogodest ⁊ ne gemundest nohwæt. Se witega cwæð: "Se ðe his andwlitan fram þam
105 þearfan awendeð, þonne he hluddost cliopað, Dryhten hyne gehyreð þonne se man nele þone oðerne gehyran."'

Swa se Hælend <cwæð> to þam wlancan: 'To hwan wurd ðu swa heamul minra goda

þe ic ðe dyde 7 sealde? To hwan areceleasodest ðu ðære gife þe ic þe geaf? Ic þe nu afyrre fram mine sylene þe ic þe ær forgeaf; þonne bist ðu wædla in woruldrice. For hwan noldest
110 <þu> geþencean þæt ic wille forgildan æghwylc<e> gode dæde þe for minon naman man gedeð? Ic hit forgilde swa hit is on minon godspelle gecweden: "Swa lange swa ge hit doð 7 swa oft swa ge hit syllað minum leofestum, ge hit symle me syllað, 7 ic eow sylle ecne gefean in heofonum." Þonne ðu, man, to hwan eart ðu me swa unþanc<f>ul / minra goda 7 minra gifa? Hwæt, ic þe gesceop 7 geliffæste, 7 æghwæt þæs ðe ðu hafast, ic þe sealde.
115 Eall hit is min, 7 þin ic afyrre fram þe. Ðu liofa butan me, gif ðu mæge. Þe ic hit sealde to ðan [þan] þæt ðu hit sceoldest þearfum dælan. 7 ic swerige þurh me sylfne þæt ic eom se ilca god se ðe weligne gedyde, 7 þearfendan ic geworhte mid minum handum. Þæt ic wolde þæt ðu mine þearfan fedde. Þonne hie wæron þe biddende minra goda, þu him symle tiðe forwyrndest. For <hwan> noldest ðu hit geþencan: gif ðu him mildheortnesse an gecyð-
120 dest, þonne ne sceoldest ðu ðæs naht forliosan ðæs ðu him dydest, ne me mid þære sylene abelgan mines agenes? To hwan feddest ðu þe ænne of ðam þe ic inc bæm gesceop to welan 7 to feorhnere? To hwan heold ðu hit þe sylfum 7 þinum bearnum þæt meahte manegum mannum genihtsumian? Unyðe þe wæs þæt ðu hit eal ne meahtest gefæstnigan, ne mid insigelum eal beclysan. Wenst ðu ðæt hit þin sie þæt sio earðe forð bringeð? Hio þe
125 groweð 7 bloweð 7 on lif bringeð? Eall ic nu afyrre minne fultum fram ðe; hafa æt þinum gewinne þæt ðu mæge 7 on þinum geswince. Ic <þe> ofteo mine renas þæt hie þine eorðan ne onhrinað, 7 ic afyrre fram þe mine mildheortnesse, 7 þonne bið sona gecyðed 7 ætiewed þinra yrmða dæl. Gif ðu wene þæt hit þin bocland sie 7 on agene æht geseald, hit þonne wæron mine wæter þa ðe on heofonum wæron, þanon ic mine gife dæle eorðwærum.
130 Gif ðu mihta hæbbe, dæl regnas ofer þine eorðan. Gif ðu strang sy, syle wæstm þinre eorðan. Ic ahyrde mine / sunnan 7 <hio> hie gebyrhte. Þon<n>e forbærneð hio ealle þine æceras; þonne bist ðu dælleas mines renes, 7 þe þin eorðe bið idel 7 unnyt goda gehwylces. Mine þearfan lifiað bi me; gif ðu mæge, wuna butan me. Mine þearfan me ealne weg habbað, 7 ic hie næfre ne forlæte. Mine þearfan me lufiað, 7 hie cygeað me hyra
135 Dryhten 7 hine gelomlice nemnaþ 7 lufiað 7 him ege to habbað, swa men sculon to hiera Hlaforde. Þonne, þu welega, ne þu þinne Dryhten lufast, ne ðu him miltse æt hafast, ne ðu, yrming, ne most lifian naht lange. Hwæt, wendest ðu, wlanca, gif ðu me sealde þines awiht, þæt þe þonne wære þin woruldgestreon a gelytlod? Eala, þæt ðu lyt hogodest ymb þone ende þines lifes. To dol ðu wære, þa ðu wendest ðæt þinra feohgestreona ende ne
140 wurde. Ic wat, hwæðre, þæt <þin> lif bið geendod þonne ðu his ne wenst. Þu welega, to hwan getruwedest ðu in þine wlenceo 7 in þine oferflownessa þinra goda, 7 na on me þe hit þe eal forgeaf þæt ðu on wære?' 7 he ða Dryhten Crist cwæð to ðam welegan men: 'Eawla, ðu dysega 7 gedwealda, to hwy getruwedest ðu ðe on þine speda 7 on þine æhta? Þin sawl on þisse ilcan niht<e> bið be minre hæse of ðinum lichoman alæded. Ac hwa
145 fehð þonne to þam þe þu lange stryndest? Oððe hwam gearwodest þu þin botl oððe þine getimbro, nu þine yrfeweardas leng lyfian ne moton, forþan þu me noldest nanne þanc don minra goda?' Men þa leofestan, sceoldon þa word bion ealle cuðlice gelæste þe se Hælend cwæð. / Sona þa on þone welegan mann [on] on þære ilcan nihte deaþ on becwom 7 on his bearn ealle. Fengon þa to gestreonum fremde syþþan.
150   Hwæt, we nu magon be þysan ongitan 7 oncnawan þæt se ælmihtiga God nele þæt his gifena man þanc nyte. Ne ðurfon we þæs wenan þæt he us nelle þara leana gemanigan þe he us her on eorðan to gode forgifeð. Swa we him mærlycor þancian sculon, a swa þrymlycor <ar> swa mare eadmodnes. Þam þe Dryhten mycel toforlæteð, myceles he hine eac eft manað. Þam þe he micel syleð, mycel he to þam seceð. Æghwylc heah ham her in
155 worulde bið mid frecennesse ymbseald. Emne swa ða woruldgeþing<þ>u bioð maran, swa

bioð þa frecennessa swiðran. Swa ge magon bi ðan þa bysene oncnawan 7 ongitan: þæt
treow, þonne hit geweaxeð on ðam wudubearwe 7 hit hlifað up ofer þa oðre ealle 7 brædeþ.
7 hine se stranga wind þonne gestandeð, hit bið swiðlicor geweged 7 geswenced þonne se
oðer wuda. Swa bið eac gelic be ðam hean clifum 7 torrum, þonne hie feorran ofer ða
oðre eorþan hlifiað, 7 hie þonne semninga feallan onginnað 7 ful heardlice hrioseð to
foldan. Swylce eac be ðam micelum muntum 7 dunum þa þe hyhst standaþ 7 toriað ofer
ealne middangeard; 7 þeahhwæðere hi wite habbað þæs ealdordomes þæt hie bioð ge-
neahhe mid hatum fyre geþread 7 geþræsted mid lige. Swa ða hean myhta her in worulde
hreosaþ 7 feallað 7 to lore wiorð<að>; þysse worulde welan wiorð<að> to nahte 7 þas
eorðlican wuldor wiorð<að> to sorge. Þeah we þysse worulde glenga tiligen swiðe 7 we in
wuldre scinan / swiðe, 7 þeah we us scyrpen mid þam readdestan godewebbe 7 gefræte-
wigen mid ðam biorhtestan golde 7 mid þam diorwyrðan gimstanum utan ymbhon,
hwæðere he sceal in nearonesse ende gebidan. 7 þeah þa strengestan 7 þa ricestan hatan
him reste gewyrcan of marmanstane 7 of oðrum goldfrætewum 7 mid gimcynnum eal[ne]
astæned 7 eal oferwreon 7 mid dieorwyrðum wyrtgemengnessum eall geseted 7 mid gold-
leafum geþread ymbutan, hwæðere se bitera deaþ þæt todæleð eall. Þonne bið sio gleng
agoten 7 se þrym tobroden 7 þa gimmas toglidene 7 þæt gold toscæned 7 þa lichaman ge-
brosnode 7 to duste gewordene. Forþan nis naht þysses middangeardes wlite 7 þysse
worulde wela; he is hwilendlic 7 yfellic 7 forwordenlic. Swa ða rican syndon her in worulde.
Hwær syndon þa rican caseras 7 cyningas, þa þe gio wæron, oððe þa cyningas þe we io
cuðon? Hwær syndon þa ealdormen, þa þe bebodu setton? Hwær is demera domstow?
Hwær is hira ofermetto, butan mid moldan beþeahte 7 in witu gecyrred? Wa is worulde
sc[i]riftum, butan hie mid rihte reccen. Nis þam leornerum na sel þonne leornendum,
butan hie mid rihte domas secen. Hwær coman middangeardes gestreon? Hwær com
worulde wela? Hwær cwom foldan fægernes? Hwær coman þa þe geornlicost æhta tiledon
7 oðrum eft yrfe læfdon? Swa læne is sio oferlufu eorðangestreona: emne hit bið gelice
rena scurum; þonne he of heofenum swiðost dreoseð 7 eft hraðe eal toglideð, bið fæger
weder / 7 beorht sunne. Swa tealte syndon eorðan dreamas, 7 swa todæleð lic 7 sawle.
  Þonne is us uncuð hu se dema ymb þæt gedon wylle. Forþan nis naht ne selre þonne we
lufigen urne Dryhten mid ealle mode 7 mid ealle mægene 7 ofer eallum urum ingehiedum,
swa hit awriten is 7 he sylf cwæð: 'Se ðe hæfð minne lufan in him 7 his bene to me sendeð,
ic hine symle gehyre 7 mine miltse ofer hyne sende. 7 þa þe to me cyrraþ fram hyra
gyltum 7 geandettaþ on minum naman 7 bote mid fæstenum doð 7 mid tearum 7 mid
gebedum, þonne ic him forlæte mine miltse to 7 forgifenysse sylle 7 min rice alyfe 7
heofonlicne weg tæce, þær bið a god 7 sio hea blis 7 sio mycle med. For þam iorðlicum ic
sylle þa heofonlican, for þyssum hwilendlican þa ecan, for þyssum lænan life þæt unlæne,
for þyssum uncorenan life þæt gecorene, for þyssum earmlican life þæt eadige. Gesælige
bioð þa ðe þæt rice gemunað; unlæde bioð þa þe þam wiðsacaþ. Hwæt hylpeð þam men
aht, þeah þe he ealne middangeard on his anes æht eal gestryne, gif eft þæt dioful genimeð
þa sawle? Ne him no þe bet ne bið, þeah he her on life lifige þusend wintra, gif he æfter
his deaþe bið <ge>læded on helle 7 þær on witum wunaþ a butan ende.' Utan we þænne
wendan to þam beteran 7 gecyrran to þam selran; þonne we moton gesion soðne <Dryhten>
7 on gefean faran to fæderrice. Þær is sio hea ar 7 þær is sio frætewednes þæs æðelinges.
Þær is cyninges þrym gesyne 7 þær is arwyrðnes witegna 7 þær is gestæðþignes gioguðe /
7 þær is ar 7 fægernes werum 7 wifum 7 geswæsscipe engla 7 geferræden apostola 7 heah-
fæderas 7 witegan 7 eadige gefioð 7 wynsumiaþ on lisse 7 on blisse 7 on ecum gefean.
Þær is sang 7 swinsung 7 Godes lof gehyred 7 þæs hyhstan cyninges gehyrnes. 7 sio
biorhtu þara haligra sawla 7 þara soðfæstra scinaþ swa sunne 7 þa men rixiað swa englas on

heofenum. 7 we syndon þyder gelaðode 7 gehatene to þan halegan 7 to þam cynelycan
205 friðstole, þær Drihten Crist wunaþ 7 rixað mid eallum halegum a butan ende. Amen.
vi.

---

1 .v.: see note to l. 206
2 *Her:* H is an oversized minuscule; *e, r* are square capitals
4 Matthew 15:20, 'Ubi enim sunt duo vel tres congregati in nomine meo, ibi sum in medio eorum.'
5 *7 gecwið:* 7 crowded in
10 *sædon þæt: sædon* followed by erasure (Maier 1834 suggested *þæt*); *þæt* preceded by erased *þ*
18 *gebiorðor:* in margin opposite this word is a pen trial of capital *A*
20 <*7 him feala wundra*>: supplied from B; *7 him fela wundra* N; *feala wundra mannum* K¹
21 There is an erasure at the foot of fol. 65v; Sisam 1976 estimated 6 or 7 letters and proposed *writ þus* (by a later hand) as a possible reading.
26 *onbryrde: onbyrgde* A; emendation based on K¹; *gecyrde* N
   we: e altered from *æ* by underdotting
29 <*God*>: supplied from NK¹
35 <*to*>: supplied from NK¹
37 <*we ne fylien*>: supplied from N (with spelling change to indicate mood); *wyrignysse to fyligende* K¹
   leahtras: written above line
38 <*syn we*>: supplied from K¹; *syn* N
39 <*wið*>: supplied from N
40 <*gehynen*>: supplied from N (with spelling change to indicate mood); for *aflymen 7* <*gehynen*> K¹ gives *gehyran 7 aflymen*. A hole affecting fol. 66, ll. 3-4, may have distracted VS.
   hean: heah A
42 *reccend*<*domes*>: *rihton* N; *rihtan* K¹
44 *þær: þ* has crossed stem
54 <*þe ... wered*>: supplied from K¹ with spelling changes; *þe þu samnast 7 to dome cumen is; þridde is þæt helcunde wered* N
55 <*7*>: supplied from N
56 <*þin*>: supplied from K¹; N reads *þæt þu eart eal anes þrymmes ful*
58 *sylf: l* written above line
59 <*min riht is*>: supplied from K¹; *rihtlic is* N
70 *ge*<*ead*>*meddest: ead* supplied from NK¹
72 <*mid*>: supplied from NK¹
79-82 Trahern 1977 noted that the N and K¹ versions of this passage rendering Matthew 25:41, 'Discedite a me maledicti in ignem aeternum, qui paratus est diabolo et angelis suis,' conform to the demands of 'classical' OE verse:

ac gewitað fram me,   wuldre bedælde
freondum afyrede,   feondum betæhte,
in þam hatan wylme   hellefyres
þær ge awyrgedan scylon   wite adreogan
in þam hatestan   hellebrogan
and þer on witum a   wunian butan ende.

Trahern considered the Vercelli version 'prosaic' because only the Vercelli portion corresponding to ll. 2 and 3 above conforms to classical OE practice, while the alliterative pair *sincan 7 swincan* produces a prosaic effect as a second half-line.
81 *feondum:* altered from *freondum* by erasure of *r*
  <*in þam*>: supplied from N; *on þam* K¹
86 <*we*>: supplied from NK¹
92 *Swa ...:* the partial versions K²J begin here
  apostol: followed by erased *usse* (so Maier 1834)
93 <*wæs*>: supplied from NK¹K²J
95 <*þam*>: supplied from NK¹K²J
97-8 *hine* <*symle ... sende*>." *Emne: hine sylle emne* A; emendation based on NK¹K²J with spelling changes
98 <*man*>: supplied from K¹; *þæt man* N; *þe man* K²J
99 *ne:* written above line
101 *cliopade:* d altered from ð by partial erasure of stroke
102 <*Ac*>: 7 A; *ac* NK¹K²J
104-6 Cf. Ecclesiasticus 4:4, 'Et non avertas faciem tuam ab egeno'; Tobias 4:7, 'Ex substantia tua fac eleemosynam, et noli avertere faciem tuam ab ullo paupere: ita enim fiet ut nec a te avertatur facies Domini.'
107 <*cwæð*>: supplied from NK¹K²J
110 <*þu*>: supplied from NK¹K²J
  æghwylc<*e*>: *e* supplied from K²J; *æghwylcum men ane gode dæde* NK¹
111-13 Matthew 25:40, 'Amen dico vobis, quamdiu fecistis uni de minoribus his, hec mihi fecistis.'
119 <*hwan*>: supplied from NK¹K²J
124 *ðæt:* written above line
126 <*þe*>: supplied on the model of N, which reads *ðe ætbrede; afyrre* K¹; *ofteo þe nu* K²J
131 Cf. James 1:11, 'Exortus est enim sol cum ardore, et arefecit foenum, et flos eius decidit, et decor vultus eius deperiit: ita et dives in itineribus suis marcescet.'
  <*hio*>: supplied from NK¹K²J (all *heo*)
140 <*þin*>: supplied from NK¹K²J
142 *he ða:* written above line
145 *hwam:* followed by space for 3 letters
152-4 Luke 12:48, 'Omni autem cui multum datum est, multum quaeretur ab eo: et cui commendaverunt multum, plus petent ab eo.'
153 <*ar*>: supplied from NK¹; lacking in K²J
154-64 *Æghwylc ... lore wiorð*<*að*>: lacking in K²J
155 *woruldgeþing*<*þ*>*u:* second *þ* supplied from K¹; *woruldgeþincða* N
157 *brædeþ:* altered from *brædæþ* by underdotting
161 *toriað:* goriað A; emendation proposed by Cross 1956 after *torriæð* in BodH XII, 130.13; lacking in N; *woriað* K¹
162 *hi wite:* written above line
164-5 *wiorð*<*að*>: *að* supplied from NK¹K²J
169-70 *eal[ne]astæned:* ealne astænen A; emendation based on NJ; *eall gestæned* K¹; *eall asæned* (sic) K²
173 *þysses: es* written above line
174 *ða:* written above line
177 *gecyrred: g* over erased *b*?

179 *middangeardes:* vertical stroke over *n?*
180 *foldan:* followed by erased *f*
183 *eorðan:* written above line
191 *hwilendlican: willendlicum* A; emendation based on NK¹K²J with spelling changes
197 *<Dryhten>: gefean* A; emendation based on NK¹K²J
205 *friðstole: l* altered from *ð*
206 *vi.:* on the same line as *Amen* VS writes *vi*. The numeral could refer to X, to XI, which begins at the top of fol. 71v, or to a homily not copied down on fol. 71r, which is more than half blank. Förster 1913b and Krapp 1932 assumed that XI was *vi*, but no recent commentator holds this position. Scragg's 1973 investigation into the compilation of the codex established that VII-X are enumerated *ii-v*. Thus *vi* was never written down. To make the numbers retrospective would mean, as Scragg noted, that VI would then be *ii* and VS must then be seen as having begun the group VI-X with the second member of the group. Sisam 1976 suggested that, although in the exemplar *vi* was prospective, VS has actually placed the numeral in a retrospective position, thus betraying his confusion. This explanation also accounts for the appearance of the numeral *ii* at the foot of fol. 56r rather than the top of fol. 56v, which number refers to VI, not VII. The consensus is that the 'true' *vi* of the exemplar was never transmitted to the *Vercelli Book*. The 'true' *vi* may have been a version of BH X, or perhaps Junius 85, art. 2, both homilies that bear a general resemblance in content and style to X.

homily xi, fols 71b-73b

Variants
None

OE Analogues
XI.2   XIV.2, XX.1
   38-45   cf. XIV.15-31

Sources
XI.2   Caesarius of Arles, *Sermo* 207, *De letania* (Morin 1953, II, 828)
   9-15   Caesarius of Arles, *Sermo* 215, *De natale Sancti Felicis* (Morin 1953, II, 855)
   20-69   Caesarius of Arles, *Sermo* 215, *De natale Sancti Felicis* (Morin 1953, II, 856-8)

Bibliography
Szarmach 1970, Tristram 1974 [discusses the *blacernas*-metaphor in the context of OE and Latin traditions], and Willard 1949 [prints text with intro., English trans., and notes]

---

spel to forman gangdæge
Men ða leofestan, þis syndon halige dagas 7 halwendlice 7 ussum sawlum læcedomlice, 7 us geriseð þæt we hie wel begangen mid fæstenum 7 mid gebedum 7 mid reliquiasocnum 7 mid usse eaðmodlice gange. Forþan sanctus Petrus se ealdorapostol ærest us gesette to
5   healdanne ðas dagas 7 to beganganne for hæðenra manna gedwilde, forþan þe hie hiera wiggild 7 hiera diofulgild on ðas dagas weorðedon 7 beeodon. 7 we nu for þam þingum sculon þas dagas mærsian 7 weorðigan, 7 mid þam gesettum godum þe to þyssum dagum gelimpaþ.
   Syndon us nu forþan bec gesette þæt we þurh ða sculon geleornigan urne þane ecan
10   ræd. Swylce us hafað geæld ure Dryhten manege gastlice blacernas þa us sculon lihtan mid heofonlicre æfestnesse 7 mid haligre lare þætte nænig man on gedwolan þeostro ne ðurhwunige, se ðe soðfæstnesse lioht gesion wile. Hwæt syndon þa blacernas þe us hafað ure Dryhten forgifen to anlyhtanne ða dimnesse mancynnes ungetreownesse? Ðæt syndon heahfæderas 7 witigan 7 apostolas 7 bisceopas 7 mæssepreostas 7 þa[re] godcundan lareo-
15   was 7 manege Gudes cyrican. 7 þam rihtum larum 7 ðam halegum bysenum we habbað mycle nydþearfe þæt we hyrsumien 7 ondrysenlice we þæt halige godspel gehyren 7 fæste we hit on urum heortum gestaðolian.
   Vton nu gemunan hu se ece Dryhten / on his godspelle lærde 7 þus cwæð, 'Non qui ce-   72r
perit sed qui perseuerauerit usque in finem saluus erit.' 'Nales se man se ðe onginneð gode
20   dæde 7 eft forlæteð, ac se þe þurhwunaþ on godum dædum se bið hal geworden.' 7 swa swa ða dæghwamlican synna ne bioð wanigende, swa ðonne eac þa dæghwamlican læcedomas ne syndon na wanigende.
   Twa tida on hiera endebyrdnesse [is] her on worulde a singalice fyliað, 'tempus flendi et tempus ridendi,' þæt is wopes tid 7 oðer hleahtres tid. Ne magon we ða hleahtras a
25   singalice habban. 7 ic wat geare þætte æghwylc man wyle þætte he gesio soðne gefean on þyssum middangearde <þe> ne nu is ne he æfre wæs ne he æfre bið. Ac secen we soðne gefean þær þær he is, ðæt is Crist sylfa on heofenarices hyhðo, swa he þonne Dryhten sylfa gecwæð, se ðæt gewin 7 þa frofre soðfæstra manna on his godspelle wæs ðus foresecgende: 'In hoc mundo presuram habebitis, mundus hic gaudebit, uos autem tristes eritis
30   sed tristitia uestra conuertit<ur> in gaudium.' 'Ge sculon habban foreþrycnesse on þyssum middangearde, 7 þes middangeard gefyhð 7 ge bioð unbliðe, 7 hwæðere ge bioð

unsiofiende <7> hio gecyrreð eft eow on gefean.' Swa þonne, men þa leofestan, winnen we on þyssum andweardan life þeah þe hit unyðe sie, God<e> us fultumiendum þæt we don symle þætte god sy þæt we þurh þæt mægen mid gefean 7 mid wynsumnesse wæstmas
35 godra wiorca on þære toweardan worulde gesamnigan, æfter þan þe hit on sealmum awriten is: / 'Qui seminant in lacrimis in gaudio mete<n>t.' 'Ða ðe sawað on tearum, hie   7 eft on gefean ripað.'

For þæs ærestan mannes synnum Adames we wurdon aworpene of neorxnawanges eðle 7 on þas wræcworuld sende. 7 we swa syndon on þyssum middangearde swa we her nænig
40 eðel ne habbað. Be ðon Paulus se apostol cwæð: 'Dum sumus in corpore, peregrinamur a Domino.' He cwæð sanctus Paulus: 'Þenden we bioð on lichoman, we bioð <el>þiodige fram Gode.' We magon heonon us geearnian þone ecan eðel 7 þone soðan gefean; ne magon we þæra ægðer her on worulde agan ac we sculon on þære toweardan gesittan þæt us is on eðle gehealden. Tohwan sculon we secan on þyssum middangerde leornesse gefean
45 on heofenum.

Vton we nu forð tilian þæt we geearnien þæt we becuman moton gesæliglice to þam ecan 7 to þam ealdorlican eðle[s] þær ure magas wilniað þæt hie us gesion 7 ure gefion moton usse yldran þa syndon heahfæderas 7 witegan 7 apostolas. Þær ure bidaþ ure ceasterliode, þæt syndon englas 7 heahenglas. 7 þær is sio wundorlice ceaster, Hierusalem, þær
50 ure bideð mid aþenedum earmum ure Dryhten Hælend Crist. Vton nu forþan efstan þæt we dioful oferwinnen.

We sculon la geþencan þæt we syndon gastlice cypemen. We sculon ceapian mid þyssum eorðlicum þingum þa hiofenlican goldhordas 7 mid þyssum hwilendlican þingum þone ecan welan 7 þa awuniendan ...... Cypemen hie sculon bion þonne hie ham cumen mid
55 gesundum ceapum orsorge. Swa we þonne sculon bion swiðe hycgende 7 swiðe sorgfulle ða hwile þe we her sien in earnunga eces lifes þæt we þonne eft / mægen bion gefionde in   7 hiofenlican ham þæs uplican rices.

Ne þynce us forþan æfre to lang þæt geswinc 7 þæt gewin her on worulde, forþan þe þæt cymeð to ende 7 þa meda ne cumaþ æfre to ængum ende þe us goldene bioð beforan
60 þam gewinnum. Forðam, men þa leofestan, forlæten we unnytne hleahter 7 blisse; is us mycel nydþearf þæt we þæt eft mid tearum 7 mid heafe wepen 7 beten, forþan þe Dryhten on his godspelle þus cwæð: 'Ve uobis qui ridetis nunc quia lugebitis et flebitis.' He cwæð: 'Wa eow þe nu hlihhaþ forþan þe ge eft heofað 7 wepað.' Efne swa he openlice cwæde: 'Ða men þe mæstne dream 7 mæstne welan 7 mæste blisse butan Godes ondrysnum up
65 ahebbað her on worulde, hie þonne eft mæste unrotnesse butan ende 7 mæstne ungefean butan ænigre blisse hie onfoð 7 aræfniað.' Forþan, men þa leofestan, þa hwile þe we her lifigende <syn>, utan we us biddan Godes mildheortnesse þæt he us sende swa in ða lufan þæs ecan lifes þæt we ma lufien þone ecan eðel þonne þis 7wearde lif, 7 ma þencen symle be ðam toweardan life þonne be þyssum þe we her on lifiað.

70 Ðis syndon swares 7 geswinces dagas, swa we hit sylfe ongytan magon on þam manigfealdum unieðnessum þe dæghwamlice on manna cynn feallað on misgewidrum for manna gewyrhtum. Magon we nu ongitan, men þa leofestan, þætte ure ealra ende swiðe mislice toweard nealæceð. Nu syndon þa Godes cyrican bereafode 7 þa wiofeda toworpene þurh hæðenra manna gehresp 7 gestrodu, 7 þa weallas syndon tobrocene 7 to/slitene, 7 þa god-   7
75 cundan hadas syndon gewanode for hyra sylfra gewyrhtum 7 geearnungum. 7 nalas þæt an Godes þeowas ane syndon, ac eac swylce cyningas 7 bisceopas 7 ealdormen, þa þe ðysse þeode rædboran syndon, hie habbað þa godcundan hadas 7 þæt Godes folc gestroden 7 bereafod for leasum tyhtum 7 lyðrum metsceattum. 7 we þonne nu for ure ealra gewyrhtum þas egeslican þing 7 þas ondrysenlican her on worulde þrowigað. Forþan we habbað

Homily XI

30 mycle oferþearfe þæt we ðas þing ealle mægene geþencen þe we nu hwile her ymbspræcon. Lufigen we nu þy geornlicor þas haligan dagas, 7 þy we magon mycel god ussum sawlum on him gestrynan. Þancien we ussum Dryhtne wordum 7 dædum þysse gesamnunge, 7 þæt we gebidan moston þysse halgan tide. Tilien we nu forðan þæt we hie gedeflice begangen mid gastlicum mægenum þe ðær to geset is. Se God us to ðam gefultumige þe ofer us ealle
35 liofað 7 rixað. Amen.

    1 *title:* minuscules in red ink by VS
    2 *Men:* square capitals in black ink
    4 ff. XI and XII.10 ff. are unique in the history of the liturgy for attributing the institution of the Rogation Days to St. Peter. Most sources, medieval and modern, name Mamertus of Vienne as the founder of the custom, as does XIX.117 ff. See also Damiani 1977.
  10 *geæld: gesæd* A; emendation proposed by Willard 1949
    sculon: u written above line
  12 *soðfæstnesse: sodfæstnesse* A
    Hwæt: þæt A; emendation proposed by Willard 1949
  14 *þa[re]: þære* A; Willard 1949, noting *þære* as a possible miswriting of *þa,* chose to read *þære lare,* governed by *godcunde lareowas.*
  15-17 *7 þam ... gestaðolian:* Willard 1949 translated: 'And that true doctrine and these holy examples we have great need that we obey, and that we reverently hear that holy gospel and hold it fast in our hearts.'
  17 *on urum:* added later in the margin?
  18-19 Matthew 10:22, 24:13. Cf. Mark 13:13, 'Qui autem sustinuerit in finem, hic salvus erit.'
  19 *sed: seð* A
    perseuerauerit: a altered from *it*
  20 *þe:* written above line
  21 *synna ne bioð wanigende:* Sisam 1976 noted an erased *s* after *ne* and suggested that this passage is written over original *læcedomas ne syndon* (as follows in l. 21-2)
  21-2 *wanigende, waniende: wun-, wun-* A; emendation proposed by Willard 1949
  23 *endebyrdnesse:* second *e* altered from *æ* by underdotting
    fyliað: fyllað A
  23-4 Ecclesiastes 3:4
  26 <*þe*>: proposed by Willard 1949
    bið: followed by space for up to 10 letters
  28 *frofre:* second *f* written above line
  29-30 John 16:33 and 16:20
  29 *tristes: tristis* A
  36 Psalm 125:5
    seminant: seminaþ A
    mete<n>t: original *n* erased
  38 *Adames: Adamas* A
  40-41 2 Corinthians 5:6; cf. XIV.19-20
  40 *peregrinamur: peregrinamus* A
  41 <*el*>*þiodige:* emendation proposed by Willard 1949
  54 *awuniendan:* Willard 1949 pointed out that the scribe has lost his way here, for, if

awuniendan modified *welan*, then *þone* would be the demonstrative. The presence of a point after *awuniendan*, he argued, is a scribal error. Some noun does seem to be missing, perhaps *ceapas*, whose absence could be explained by scribal confusion with the next word, *cypemen.*

56 *earnunga:* eardunga A
58 *us:* written above line
62 *nunc:* non A
64 *ondrysnum:* erased *þ* between *n* and *d*
67 <*syn*>: proposed by Willard 1949
70-79 *Ðis ... þrowigað*: Willard 1949 and Sisam 1976 cited this passage as evidence for assigning the *Vercelli Book* to the late tenth or early eleventh century
70 *dagas:* second *a* altered from *um* (MS *ū*)
71 *feallað: fealleð* A; emendation proposed by Sisam 1976; original retained by Willard 1949 as a late OE form

homily xii, fols 73b-75b

Variants
None

OE Analogues
None

Sources
I have found no treatment close enough to XII to be considered as a source.

Bibliography
Damiani 1977 [prints text with Italian trans., notes, and discussion], Willard 1925 [edits XII with notes]

---

spel to ðam oðrum gangdæge
Girsandæg we wæron manode, men þa leofestan, þissa haliga daga bigangnes<se>. Liorno-
don we þæt geo hæðene liode hæfdon þry dagas synderlice beforan hira oðrum gewunan
þæt hie onguldon hira godum 7 hiera ceapes wæstma 7 ealle hira æhta. Hie hira gode
5 bebudon — þæt wæs dioflum sylfum, forþon þe hie hira godu hæfdon geworhte of treowum
7 of stanum 7 of oðrum antimbrum missenlicum. Ðonne to ðam onlicnessum swylcum hie
onluton 7 þam lac onsendan, þonne eode þæt dioful in<n>on þa anlicnesse / 7 þanon ut   74r
wæs sprecende. Þonne tealdon men þæt þæt wære God sylfa; wæron þæt þonne þa wyr-
restan hellegæstas, nalas God sylfa, ælmihtig eallra gesceafta Scippend.
10   Þonne wið þon gesette us sanctus Petrus syðþan 7 oðerra cyricena ealdormen þa halgan
gangdagas þry to ðam þæt we sceoldon on Gode ælmihtigum þiowigan mid usse gedefelice
gange 7 mid sange 7 mid ciricenasocnum 7 mid fæstenum 7 mid ælmessylenum 7 mid
halegum gebedum. 7 we sculon beran usse reliquias ymb ure land <7> þa medeman Cristes
rode tacen, þe we Cristes mæl nemnað, on þam he sylfa þrowode for mancynnes alysnesse.
15   Swelce we sculon beran ða bec, þe man hateð godspel, on þam syndon awritene þa
halgan 7 þa godcundan geryno, þæt is ærest Cristes cneoris 7 his eacnung 7 his acennes 7
his fulwihte, þe he beforan manna synnum fæste .xl. daga 7 nihta — þæt is þæt ilce fæsten
þe we nu foran to Eastrum fæstað. Þurh þæt fæsten Dryhten diofles miht abræc 7 his
costunga oferswiðde / mancynne ecne sige forgeaf þæt manna gehwylc mæg diofol ofer
20 swiðan, ge hean ge rice. Is ðær on þam bocum awriten sio halige Cristes þrowung 7 his
æriste 7 his upastignesse 7 <his> worda lare 7 his wundra weorc 7 se towearda dom 7 eac
ma gæstlycra geryna þonne ænig man æfre aspyrigan mæge oððe gecnawan mæge.
   Eac we sculon beran oðre halige reliquias — þæt syndon haligra manna lafe, hyra feaxes
oððe hyra lices dæl oððe hrægles — 7 mid þam halignessum eallum we sculon eaðmodlice
25 gangan ymb ure / land on þissum halgum dagum. 7 urne ceap 7 urne eard 7 urne wudu 7   74v
eal ure god we sculon Gode bebeodan 7 him þancian þara gesynta þe forþgewitene syndon,
swylce eac þara 7wearda 7 þara towearda. Hergen we ealra þinga 7 wuldrigen we ærest
ælmihtigne God 7 his þone a<n>cendan Sunu 7 þone Halgan Gast. Þæt is sio Halige
Þrynnes, in þære standeð usses geleafan hyht.
30   7 we wiorðian his þa halgan ealle 7 us to ðam mundbyrden geornlice, 7 wilnigan we
hiora miltse, ge on þas tid ge on æghwylce, forðan hiera miht is mid Gode mycelo. Swa
David hit on sealmum sang 7 þus cwæð: 'Nimis honorati sunt amici tui, Deus, nimis confor-
tatus est principatus eorum.' 'Swiðe arweorðe syndon þine frynd, Dryhten, 7 swiðe ge-
strangod is hira ealdordom.' Her syndon swiðe mihtige þam to fultumigenne þe hine nu

35 giornlice in þysse worulde gemunaþ. Uton bion gemyndige þæt us hafað God gehaten þæt
he wile in þære gesamnunge bion þe for his naman sie gesamnod. Þus he sylfa on his god-
spelle: 'Vbi sunt duo uel tres congregati in nomine meo, ibi sum ego in medio eorum.' He
cwæð: 'Þær twegen oððe þry bioð gesamnode in minum naman, ic bio symle on hira mid-
lene.' We þonne syndon nu gesamnode; we gelyfað in Dryhtnes naman; he is us betweo-
40 num on 7weardnesse.

Men þa leofestan, we sculon habban mycelne egesan to ussum þam heofonlican Hla-
forde, se ðe us gesceawaþ innan 7 utan geþohtas 7 word 7 dæde eallum dagum usses lifes.
Be ðam Dryhtnes egesan hit / is ðus cweden: 'Initium sapientię timor Domini.' 'Snyttro
fruma is Dryhtnes egesa.' Of ðam Dryhtnes egesan us wiorðað acenned hiortan onbyrdnes;
45 of ðære onbyrdnesse eaðmodnes bið acenned; of ðære eaðmodnesse licumlice lustas 7 ealle
uncysta wiorð<að> ut awyrtrumade 7 ealle gastlice mægenu sceolon forð weaxan of
Dryhtnes egesan. Mid þam egesan we us geceapiað hefenlicu þing, englas for mannum, lif
for deaðe, god for yfele, swete for bitere, leoht for þiestrum, soðfæstnesse for unsoðfæst-
nesse, un<n>yðnesse for niðe, sawle mægen for licumlicre mettrymnesse. Gif we wilnigan
50 rixian mid Criste, bebigen we ða woruldcundan lustas for undeaðlicnesse 7 don we symle
eal þas þing mid Dryhtnes egesan.

Se egesa us gelædeð fram helwarum 7 he us onfehð to þam uplican rice 7 he drifeð
fram us ælce ungleawnesse 7 he us læreð geðeodscype 7 snyttro 7 he us cenneð wisdom.
He is se egesa: 'Intellectus bonus omnibus facientibus ea. Laudatio eius manet in seculum
55 seculi. Timentibus dominum non deficient omni bonǫ.' 'God ongitet ealle þa þe hine
willað 7 þæs hyrnesse þe hine begangað wunað in worulda wuruld. Þa men þe him Dryhten
ondrædað ne springaþ hie fram ænegum gode.'

Nu we gehyrdon, men ða leofestan, hu god is þæt we hæbben Dryhtnes egesan. Secan
we symle mid ondrysnum egesan þa halgan reliquias Dryhtnes 7 þyllicre gesamnunge. 7
60 þonne huru getilien we þæt we þonne ða halgan lare godspelles gehyren þæt hio fæste
wunige / on ussum modgeþancum. 7 we eac læren oðre men, þonne hie to us cymen, þæt
we ðonne ealle þe selran sien, ge onwearde ge ofwearde, þæs godspelle 7 þa soðan lufan
Godes 7 manna eorne healden arwiorðlice eallum tidum usses lifes. Gif we ðus don willað,
þonne geearnige we us Godes miltse 7 blisse 7 æfter þysse worulde ece are 7 reste mid
65 him 7 mid his halgum a in ealra worulda woruld on ecnesse.

---

1 *title:* minuscules in red ink by VS
2 *Girsandæg:* G, i, r are square capitals in red ink
   bigangnes<se>: emendation proposed by Willard 1925; Damiani 1977 changed to
   biganges
3 *hæðene:* final n erased
6 *a̱ntimbrum: untimbrum* A; Förster 1913b suggested confusion with open *a*
10ff. Cf. XI.4ff.
17-18 *þæt is ... fæstað*: Förster 1913b believed this sentence to be appropriated from
   another homily; Willard 1925 disagreed. Peterson 1951 found the rough transition
   suspicious.
20 *Is:* a large capital *I* written in red ink and crowded in
21 *<his>*: proposed by Damiani 1977
28 *a<n>cendan:* emendation proposed by Willard 1925 and Damiani 1977
32-3 Psalm 138:17. The full Vulgate reading is: 'Mihi autem nimis honorificati sunt amici
   tui, Deus; nimis confortatus est principatus eorum.' Weber 1953 does not list *honorati*

as a variant (p. 336).
32 *honorati:* n from m by erasure
33 *arweorðe:* second e over erasure
36-7 *godspelle:* Damiani 1977 suggested insertion of *cwæð* after *godspelle*, but with Willard 1925 I treat unexpressed *cwæð* as idiomatic.
37 Matthew 18:20. The Vulgate reads 'Ubi enim sunt' etc. Cf. X.4.
39 *naman:* Damiani 1977 suggested *þæt* after *naman*
43 Psalm 110:10
44 *onbyrdnes: onbryrdnes* is the more usual OE spelling
45 *ðære eaðmodnesse: ðæ* of *ðære* written over erasure
46 *wiorð<að>*: emendation proposed by Willard 1925 and Damiani 1977; cf. X.164-5
47 *geceapiað*: tall s erased after *ge*
49 *un<n>yðnesse*: emendation proposed by Willard 1925
we: followed by erased *l*
54-7 '*Intellectus ... gode*': this passage has many textual and interpretive difficulties. After MS *bona,* here emended to *bono,* there is a gap of about half a MS line, beginning with an erasure of perhaps 6 letters. The OE translation begins the next line.

The first two Latin sentences complete Psalm 110:10 begun above (l. 43). According to Weber 1953 (p. 282) *ea* is a reading found in the *Psalterium Mozarabicum* and several less important psalter versions; the Roman and Gallican versions read *eam* and *eum* respectively. *ea* could be a scribal error for *eam,* as in the *Vespasian Psalter* (a Roman version). Willard 1925 noted that the third Latin sentence is a blend of Psalm 33:10-11 in the Roman version:

10 timete Dominum omnes sancti eius quoniam nihil deest timentibus eum.
11 divites eguerunt et esurierunt inquirentes autem Dominum non deficient omni bono. (Weber 1953, p. 66)

For *deficient* the Gallican version has *minuentur* (Weber 1953, p. 66).

The OE translation is loose to the point of misunderstanding. The OE for *bonus ... ea* is a case in point. *þæs hyrnesse* is the apparent equivalent of *laudatio eius;* the Vespasian Psalter gives *herenis his.* The clause *þe hine begangað* must modify *hyrnesse* despite the apparently plural form of the verb. See Campbell 1959, section 735(b) for comments on *-et* and *-að* forms for the third person singular. The OE may be translated: 'God understands all those who desire Him; the praise of Him which pays Him worship lasts forever; the men who fear the Lord will not lack any good.'
61-5 *on ussum ... ecnesse:* stained with chemical reagent
62 *þæs godspelle:* Damiani 1977 suggested insertion of *on* before *godspelle*

homily xiii, fols 75v-76v

Variants
None

OE Analogues
XIII.17-29   BH X, 113 (untitled); CCCC 198, art. 62, *Incipit de penitentia. in quadragesima*, p. 314, l. 16-p. 316, l. 11 (as BH X); BodH XII, 124 (untitled)

Sources
XIII.17-29   Caesarius of Arles, *Sermo* 31, *De elemosinis* (Morin 1953, I, 135)

Bibliography
Cross 1957 [discusses the Caesarian source and the OE texts derived from it]; Wuelcker 1882 [prints an unreliable transcription of XIII]

---

spel to þriddan gangdæge   75v
Ðis is se þridda dæg, men þa leofestan, þysse halgan tide þe us on swiðe wel gelimpeð þæt we ealle eaðmodlice sculon Dryhtne þeowian 7 wel forðgelæstan þæt we nu ær on þyssum dagum lærde wæron. Bið þæt swiðe herigendlic þæt man on þone godan siðfæt Godes
5 beboda freolice fere 7 gange 7 ne læte hine aslacian haligra dæda, forþon þe Dryhten ðus cwæþ 7 gehet þam fæstrædan men 7 þam þurhwunigendan in Godes willan: 'Qui autem perseuerauerit usque in finem, saluus erit.' 'Se man se ðe þurhwunað in godum dædum oð lifes ende, he bið hal geworden.' Swa þænne swiðe wel gelimplic is þæt we þysne dæg gedeflice begangen mid heofenlicum mægenum.
10   Syndon þas þry dagas toeacan oðrum þingum forþan us gesette þe we lifiende sien. 7 gif we mid ures lichaman lustum hwæt gimeleaslices dydon on þyssum feowertegum nihtum wið Godes willan, bete he þæt on þyssum dagum nu 7 clænsige hine þæt he mæge beon þys mergenlican dæge æt þære halgan Dryhtnes upastignes<se> tide clæne æt Dryhtnes wiofode 7 þær onfon weddes þæs ecan rices, þæt is Cristes Sylfes lichoma 7 his blod þæt
15 we nu nemnaþ husl. Se man se ðe /
unnyttan lustas <7> druncennesse 7 fyrenlusta gytsung 7 unrihtgestrodu.   76r
   Hwæt wunaþ þysses mid ðam men oferhydum in ðære byrgenne nemþe ða[s] seonuwa 7 þara bana dust in þære eorðan: gewiteð swa swa glidende scuwa? Þær þæt, la, gewiorðan meahte þæt ða drigan ban sprecan meahton of ðære byrgenne to ðam men þe hie swa
20 giorne behealdeð. Hie cwædon þonne ðus: 'To hwan, la, ðu earma man 7 þu ungesæliga, gymest ðu þysse worulde swa swiðe? Oððe to hwan begæst ðu ungesæliga þe in geweald oferhiede oððe fyrenlustum? Oððe to hwan begæst ðu þe ðam wælhreowestan hlafordum, þæt is [h]leahtrum 7 uncystum? Beheald me 7 sceawa mine ban 7 ondræd þe þinne fyrenlust 7 þine gytsunge. Þæt ðu eart nu, þæt ic wæs io; þæt ic eom nu, þæt ðu wiorðest eft.
25 Þeah þe in me þurhwunode idelnes 7 fyrenlust, ne fornim ðe næfre unrihtwisnes. Þeah ðe me fyrenlust gewemde, gefrætewa þe mid clænnesse. Geseoh ðu me in duste formolsnodne, 7 þurh þæt forlæt ðu þinne þone yfelan lust.' Ðus cleopedon þa ban to us, gif hie sprecan meahton of þære byrgenne. 7 we magon huru ongytan þa bysene, þeah þe hie swigien on þam forðgewitenum ure agenre tweonunge. Emne us gewiorðeð eft se ilca deað þæt he us
30 adrifeð of eardunga usses lichoman. Utan we nu þy giornlicor hine geþencan þone deað þe we hine ær witon ær þan þe he færinga cume; forþan he cumeð on us ungeþingod, forþan God wolde þæt þam men wære his ytemesta dæg uncuð þæt he hine forþan to þan gegearwode butan ænigre ablin/ne<n>dnesse.   76v

þæt bið se egeslica dæg 7 se ondrysenlica. On ðam dæge Dryhten scrifeð manna gehwyl-
cum ece lif, swa in heofenarices hyhðo swa on hellewitum, swa he nu her on worulde ge-
earnigan wile. Tiligen we nu forþan — þanne us God forgife — þæt we his þa halgan lare
gehyren swa we nu dydon þæt we syn þe beteran 7 þe selran for bæm lifum in ealra
worulda world to widan feore mid Fæder 7 mid Suna 7 mid þam Halgan Gaste in ecnesse.
Amen.

---

1 *title:* minuscules in red ink by VS
2-15 *se þridda ... se ðe:* stained with chemical reagent
2 *Ðis is:* capitals in red ink
6-7 Matthew 24:13; cf. XI.18-19
6 *Qui: Quoð* A
15-16 *se ðe / unnyttan:* one folio is missing
20 *þu: þa* A; cf. XI.21-2, XII.6
21-2 *Oððe ... fyrenlustum:* cf. Caesarius, 'Ut quid superbiae vel luxuriae infelicia colla submittis?'
26 *formolsnodne:* second *n* written above line
31-3 *forþan ... ablinne<n>dnesse:* 'for it comes upon us without intercession because God has willed that His Last Day should not be known to man in order that man prepare himself for it without cease.'
39 *Amen: a, e, n* touched with red

homily xiv, fols 76v-80v

Variants
None

OE Analogues
XIV.2   XI.2, XX.1
   15-31   cf. XI.38-45
   37-110   cf. Hecht 1900-7, pp. 348-50

Sources
XIV.2   Caesarius of Arles, *Sermo* 207, *De letania* (Morin 1953, II, 828)
   15-31   Caesarius of Arles, *Sermo* 215, *De natale Sancti Felicis* (Morin 1953, II, 856-7)
   37-110   Gregory the Great, *Gregorii Magni dialogi* (Moricca 1924, pp. 322-5)

Bibliography
Erickson 1972 [discusses damaged folios of XIV and XVI], Szarmach 1970

---

larspel to swylcere tide swa man wile
Men ða leofestan, þis synt halige dagas 7 gastlice 7 ussum sawlum læcedomlice; 7 we micle nydþearfe habbað þæt we ðæt geornlice geþencen 7 gemynen, þa hwile þe we þære tide benigen, þe us nu gyt God for his mildheortnesse gerymed hafað, þæt we ða halgan Godes æwe 7 þa godspellican lare in urum mode lufien 7 on urum þeawum begangen, þe he sylfa lærde þa hwile þe he licumlice on worlde wæs mid mannum, 7 þæt we ne læten þas hwilendlican þing 7 þas feallendlican þysse worulde ure mod beswican þurh deofles facen 7 his leasunga. Be ðam us trymede 7 lærde se apostol sanctus Petrus 7 ðus cwæð: 'Sobrii estote ...' 'Bioð ge,' cwæð he, 'gestæðige on eowrum life 7 symle on Godes willan 7 on godum weorcum wæccende, forðam þe eower se wiðerwearda feond, þæt is dioful, he gæð swa reðe swa swa þeotende leo ymb ælcne mannan 7 sece hwæne he mid synnum besmitan mæge 7 þurh ðæt on ecre forwyrde gebringan.' Þam we þanne magon, gif we anrædlice / onginnan willað, ðurh halige dæda 7 þurh fæsten 7 þurh ælmessan wiðstandan 7 ealle his ða ætrenan myht þurh Godes fultum gebrecan 7 gebigan.

Ðurh diofles facen 7 þurh his inwit we wurdon on fyrmðe beswicene. And for Adames gewyrhtum we wæron of ðam cadilican setle neorxnawanges gefean ut ascofene 7 on þas wræc sende þysse worulde, þe we nu onlyfiað. Forðan we nabbað her nanne fæstlicne staðol ne langsumne eðel ac we gelomlice geseoð to hwan se eorðlica dæl 7 sio mennisce gecynd wiorðan sceal. Cwæð se apostol be ðan sanctus Paulus: 'Dum sumus in corpore, peregrinamur a Domino.' 'Swa lan<ge swa> we bioð on þyssum deadlicum life 7 on þyssum menn<iscan> gecynde, swa lange we bioð elðeodige fram ussum Dryhtn<e>.' Hwæt <is þi>s deadlice lif, elcor nymðe hit is se weg þe we sculo<n nu gefaran, æ>ghwylc man to swa hwæðerum swa he sylfa þurh <his þance> gedemeð 7 þurh his agene dæde geearnað, swa t<o ecre blisse> 7 to ecum gefean swa to ecum deaðe 7 to ecre forw<yrde? Uton> we þonne geþencan hu dysiglic þæt sie þæt <se man ongin>ne on hwylcne siðfæt feran 7 fulwerig on þa<m wege sie> 7 þonne nelle þæt se siðfæt 7 se weg æfre geende <sien>. Swa þonne bið ful earmlic þæt se man on þysse <worulde sw>ince ymb ðas hwilendlican þing þe he geare wat þ<æt he for>lætan sceal, 7 nele ymb ðæt swincan þæt he his sawl<e ge>earnie ece lif 7 ece reste æfter þysse worulde. Cw<æ>ð <se> æ<ðe>la lareow sanctus Paulus: 'Þurh manigfeald gewinn 7 earfoð<nessa> we sculon geearnigan þæt we moton / becuman on Godes rice.' Forþan æghwylc þara manna þe for his naman

þæt wile þæt he arfæstlice mid Dryhtne ricsige on heofenarices gefean, he þonne æghwylce
ehtnesse 7 earfoðnesse mid geþylde abere. Swa we þanne nu þurh missenlico god 7 þurh
mænigfeald gastlic gewin, Dryhtne fultumendum, we sculon tilian þæt we to þam ecan
gefean becuman moton þær bið ælc man to his yldrum hlytmed and to his neahfealdum
freondum.

Nænig man oðerne æfter deaðe getreowlice onlysan mæg, gif he sylf ær her on worlde
his sawle hælo agymeleasað. Bið sio geworhte freondræden 7 seo geþingde micele selre
þænne þe se man unne þæt him oðer man æfter do þæt he hit do sylf for hine þa hwile þe
he lybbe. Bið þæt æghwylcum men micele selre 7 wislicre þæt he hine gehealde on his
freodome gesundne 7 unfæcne, þeah þe he his freondspedum treowige, þænne he scyle
æfter þam bendum þæs freodomes ceapian. Bið him eac uncuð hwæðer he ðonne begitan
mæge þæs he ær benohte.

Nu we geseoð, men þa leofestan, þæt þeos 7wearde world is gewitendu 7 feallendu.
Forðan us gedafenað þæt we ne læten þissa hwilendlicra þinga ure mod gebindan 7 geby-
segian þæt we ne forlæten urne þone ecan eðel þe we on frymðe togesceapene wæron.
Cwæð se snottra Saleman be ðan: 'Quodcumque potest manus tua facere ...' 'Gehyrest ðu
man,' cwæð he, 'swa hwæt godes swa þin han<d> wyrcan mæge 7 þin mægen to þan
gelust fullian wille, do ðu þæt anrædlice, / forðan þe ne bið næniges wiorces fyrst ne nænig
riht ne nænig wisdom mid helwarum.'

Men þa leofestan, we nyton hwylce dæge oþðe on hwylce tid se deaþ cymeð, se ðe
æghwylcne man gesecan sceal, ge heanne ge ricne. 7 þonne syððan bið sio hreownes 7 þæra
teara mægen unwæstberende. Forðan us is selest ær ðam deaþe þæt we onginnan þisse
forgifenan tide brucan 7 we dæghwamlice ure gebeda Gode ælmihtigum onsendan ure
onsægdnesse 7 his þæt halige blod. Sio onsægdnes þonne soðlice þa sawle fram ecum witum
alyseð, 7 ge gehæleð se ðe us þurh ða getacnunga 7 þurh þæt halige geryne onhyreð þone
deaþ þæs cennedan Godes Suna. Þeah þe he fram deaþe arise, æfter þam þe he for ealles
mancynnes hælo deaþ þrowode, 7 on heofenas eft upastah, þær he siððan a undeadlice
ricsode on ecnesse þurh eallra worlda world, hwæðere he bið eft for us on þam halgan
geryne, þær his lichama 7 his þæt halige blod dæled bið, on þara geleaffulra manna hiortan
æghwylcum to hæle 7 to wedde eces lifes þara þe him clæne 7 rihtlice onfegð.

Magon we þonne gehycgan hu mycel 7 hu diorwyrþe sio onsægdnes bið, þonne we for
ura synna onlysnesse onhyrigaþ þa þrowunga 7 þane deaþ þæs ecan 7 þæs undeadlican
Cyninges on heofenum. Hwylc geleaffullra manna is þæt þæs ænigne tweonan his mode
hæbbe þæt heofon ontyned sie to ðære stemne þæs sacerdes 7 on þa tid þære halgan on-
sægdnesse, / 7 þætte ðær engla þreatas ætstodon on ðam geryne usses Dryhtnes Hælendes
Cristes 7 þæt ða hiehstan bioð to þyssum niðerlicum gesceapene 7 þa heofenlican to
þyssum eorðlicum geþeodde?

Habbað we þonne, men þa leofestan, micle nydþearfe þæt we þas þing begangen 7 ure
ingeþohtas geondsmeagen, 7 þæt we þurh forhæfdnesse lichomlicra lusta 7 þurh mænig-
feald god 7 gæstlic gewin ure sawle 7 ure lichaman gemedemige 7 geclænsie. We ðe þæt
geryne þære dryhtenlican þrowunge mærsigað, we þæt sculon onhyrigan on us sylfum þæt
we doð. Þonne bið sio <on>sægdnes soðlice gode 7 fenge, gif we us selfe ærest Gode
ælmyhtigum onsecgan willað.

Is us þonne eac mycel niedþearf æfter þære tide þæs gebedes, on swa myclum swa we
fyrmest mægen, þæt we tiligen þæt we Gode ælmyhtegum ure mod on þam rihte onrædlice
gehealden þe læs us sio idle blis þysse worlde ure mod beswice 7 acyrre fram þam godcun-
dan rihte 7 þæt gastlice mægen forlæte 7 agymeleasie.

Swylce us is eac to geþencanne 7 to witanne þæt se man gedafenlice 7 rihtlice his synna

Homily XIV

forgifnesse biddeð ⁊ wilnað to ælmihtegum Gode, se ðe her for Godes lufan ælætan ⁊ forgifan wille swylce æbylgðe swylce him hwa on worlde wiðgewyrceð. Ne bið sio ure ben ⁊ sio ure onsægdnes gode ⁊ fengu nymþe sio heorte sie clæne fram ælcum niðe ⁊ fram ælcere wrohte ⁊ unsybbe. Swa he sylfa Dryhten be ðam cwæð: 'Si offeris munus tuum ad altare ...' 'Þu man,' cwæð he, 'gif ðu þin lac to ðam wiofode bringe ⁊ þu þær ge/myne þæt þin broðor hwylcne hete oðþe hwylce unsybbe wið þe hæbbe, forlæt ðu þær þin lac beforan þam wiofode ⁊ gang ærest ⁊ geþinga wið hine ⁊ cum eft to ðam wiofode þæt ðu ðin lac ⁊ þine onsægdnesse Gode agife.' Magon we ðonne, men ða leofestan, on þam wordum ongitan hu micel ⁊ hu hefig sio syn is þære æfeste ⁊ þære unsybbe.

Nu we gehyrað þætte mæstra æghwylc syn mæg bion þurh andetnesse ⁊ bote ⁊ ðurh † † <nymþe> þa unsybbe ane. For þære bið sio ure onsægdnes Gode uncweme ⁊ unfenge, ⁊ us nænig god ne genihtsumað, nymþe we sybbe ⁊ lufe be us tweonum healden. Þeah þe se man sie on oðrum lande feor fram us, we sculon mid ure mode him to gan þæt we mid eaðmodre heortan ⁊ mid Godes willan him gecweman willen ⁊ wið hine geþinggean. Gif ðanne soðlice ure Scippend ælmihtig God ure heortan ⁊ ure mod þus gesetted ongit, þonne beoð him ure gebeda ⁊ ure lac ⁊fengu, ⁊ he mildheortlice ure synna forlæteð ⁊ forgifeð. Be ðam he sylf þæt bigspel sæde his þegnum. Sæde þæt sum man wære se man sceolde his hlaforde .x.m. scillinga. Þa hæfde he on his mode micele earfeðnessa ⁊ hreowe þæt he ðone borg astandan ne meahte ⁊ wende þæt he ða speda næfde. Þa arode him se hlaford ⁊ him forgeaf eal ðæt feoh þe he him sceolde.

Þa wæs oðer man þæs mannes efenheafda, þætte him sceolde an hund peninga. Þa nolde he ðæs borges nænne dæl alætan, mid þy ðe ðæt geascode, se ðe hira bega hlaford wæs þæt he nane liðe þam his / efenheafdan gedon wolde. Þa het he hine æghwylcne scillinga agifan þæs þe he him ær forgifen hæfde. On þam wordum us is cuðlice gesæd: gif we nellað of ure heortan ða inccan alætan ðam mannum þe wið us agyltað þæt, se Hlaford se hiofenlica Cyning, se ðe ofer ealle gesceafta ece ricsaþ swiðe rihtwislice, on þam egesfullan dome ealle ure dæda asecoð, ge ða læssan ge þa maran, þe <we> wendon þæt us ær her on worlde þurh hreowe ⁊ þurh ure geearnunga forgifene wæron.

Vton þonne, men þa leofestan, geþencan þane fyrst þisse forgifenan tide. Nu us læreð ⁊ myndgað — ⁊ ure gehwyrfednesse bideð — se ilca se ðe is ure Dema. Hreowsian we mid tearum þa heardnesse ures modes ⁊ ura synna. Þis andwearde lif is hræd ⁊ gewitende ⁊ swiðe gewinful ⁊ mid manigfealdum custungum. Þens mennisce drohtung is gedrefed ofer ealle eorðan. Forðan us ðonne, men ða leofestan, is micel nydþearf to ðam gebiddað ⁊ myndgað þæt we mid ealle mode ⁊ mid ealle mægene þæder efsten þær ðæt undeadlice lif is ⁊ se eca gefea eallum soðfæstum genihtsumað; þæt is on heofenum þær ne bið nænig u<n>rotnes ne nænig sar ne nænig wiðerweardnes gemeted ac þær bið ece syb ⁊ singal blis ⁊ mara gefea þonne hit æniges mannes muð asecgan mæge oððe cunne.

Gif we to þisse eadignesse becuman willen, utan we þonne þa deaðberendan uncysta us fram ascufan: ærest oferhida ⁊ unrihtgitsunga <⁊> æfste ⁊ tælnesse ⁊ mæne aðas ⁊ eal synna cyn, ðe dioful bereð ⁊ saweð on þara synfulra mod / þe him hyran willað. Vton þonne nu gelyfan, men ða leofestan, on þæt godcunde riht ⁊ on þæt gastlice mægen, þa þe ure sawle gebyldað ⁊ afrefriað on þam egesfullan dome. Men ða leofestan, utan him sendan þa halgan ⁊ þa wynsuman lac, ærest þone rihtan geleafan ⁊ þa soðan lufan Godes ⁊ manna ⁊ eaðmodnesse ⁊ geþyld ⁊ rihtwisnesse ⁊ soðfæstnesse ⁊ mildheortnesse ⁊ hyrsumnesse ⁊ æghwylce godnesse ⁊ manþwærnesse. Þis sindon Gode þa gecweman ⁊ þa þancwiorþan lac; nals þehhwæðere þe him sie ænig þearf ure gife, ne he naht elles fram <us> ne seceð nymþe ure sawle hælo ⁊ þæt we us sylfe to þam gemedemigen ⁊ geclænsien þæt we þæs wyrðe syn þæt he us sylle his þæt heofenlice rice. Gedafenað us eac, men ða leofestan, nu

us ure Dryhten ælmihtig God swylcere weorðmynde onmunde, þæt we us ne læten þis medmicele gewin þisse worlde a lang þyncan 7 to unyðe. Forþan us mycel nydþearf mynd-
130 gað þæt we singallice þyder þencen þær þæt ece lif 7 þæt undeadlice is, 7 eac swylce þæt we geþencen hwylce gemete we þæt begiten 7 g<e>earnian sculon.

Nu we gehyrað 7 geare witon þætte æghwylc man sceal swylcum edleane onfon swa he ær her on worlde geearnað. Uton forþan nu don swa us halige bec myndgiað 7 lærað. Staðelian we ða dryhtenlican beboda on urum mode 7 þa dæghwamlican †   † mid dædum
135 fullian on þam þe we fyrmest magon to þan, þonne se micela dæg cume þæs toweardan domes 7 eallum menniscum cynne bið demed be / hira sylfra gewyrhtum 7 geearnungum, þæt we þænne ne ðurfon mid dioflum 7 mid þam synfullum mannum bion on ða ecan witu 7 on þa ecan forwyrd gescyrede, ac þæt we moton gefeonde faran mid urum Dryhtne 7 mid his englum 7 mid eallum Godes halgum on þone heofenlican eðel 7 þæs siððan
140 brucan on ecnesse. Amen.

1 *title:* minuscules in red ink by VS
2 *Men:* square capitals in red ink
8 1 Peter 5:8, 'Sobrii estote, et vigilate: quia adversarius vester diabolus tanquam leo rugiens circuit, quarens quem devoret'
10 *wæccende:* erasure after first *c*
15-16 *beswicene ... eadilican:* stained
19-20 2 Corinthians 5:6
20-30 A stain on fol. 77r forms a transversal, never more than 1½ inches wide, which begins at the end of MS l. 10 and proceeds downward and left until it ends at about the middle of the last line (l. 24). First I give a transcription of the damaged passage and then a discussion of the passage keyed to MS lines.
Transcription:
MS l. 10 dum sumus in corpore peregrinamur a domino. swa lan ......
    11 we bioð on þyssum deadlicum life 7 on þyssum menn ...... gecynde
    12 swa lange we bioð elðeodige fram ussum dryht ...... t ...... s dead
    13 lice lif elcor nymðe hit is se weg þe we sculo ...... ghwylc
    14 man to swa hwæðerum swa he sylfa þurh ...... gedemeð
    15 7 þurh his agene dæde geearnað swa t ...... to ecum gefean
    16 swa to ecum deaðe 7 to ecre for ...... we þonne ge
    17 þencan hu dysiglic þæt sie þæt ...... nne on hwylcne
    18 siðfæt feran 7 fulwerig on þa ...... 7 þonne nelle þæt se
    19 siðfæt 7 se weg æfre geende ...... Swa þonne bið ful earm
    20 lic þæt se man on þysse ...... ince ymb ðas hwilendlican
    21 þing þe he geare wat þ ...... lætan sceal 7 nele ymb ðæt
    22 swincan þæt he his sawl ...... earnie ece lif 7 ece reste æfter
    23 þysse worulde. Cw ...... ð ...... æ ...... la lareow. sanctus paulus þurh manig
    24 feald gewinn 7 earfoð ...... we sculon geearnigan þæt we moton
Discussion:
With the aid of Maier's 1834 transcription it is possible to fashion a partial reconstruction of this passage. Maier used + to signify an illegible letter; the question marks referring to Maier's transcriptions below are his. After my 1970 treatment of this passage Erickson 1972 made some valuable suggestions for restoring the text, as did Sisam 1976. I note divergent readings below.

Homily XIV

MS l. 10 *swa lan ......:* Maier *swa lange swa*

11 *menn ...... gecynde:* Maier *men m (en-?) (an-?) gecynde.* Erickson suggested *menniscum* rather than *menniscan* because of the parallel *þyssum deadlicum life;* I have followed Maier's hesitant *an.* Sisam proposed *menniscu*m.

12 *dryhtn ...... t ...... s dead:* Maier *dryhtn(es-?) hwæt (.-?) (if-?) (f-?) is dead*

13 *sculo ...... ghwylc:* Maier *sculon +++ (f-?) a (ncen-?) ghwylc.* Erickson suggested *sculon [ham (ge) faran]* or *sculon [him to faran],* but the sense of the passage and the spacing also permit *sculon nu gefaran.* Sisam proposed *sculon gefaran.*

14 *þurh ...... gedemeð:* Maier *þurh +++++++++(ur-?) gedemed.* Erickson believed that a passive construction was called for here and read *gedemed.* Sisam read *gedemeð*, the *ð* of which appears visible in the EEMF facsimile, and suggested *þurh his þance gedemeð* ('determines by his thought'), here adopted.

15 *t ...... to:* Maier *t++++++e 7 to.* Sisam preferred *to ecum life.*

16 *for ...... we:* Maier *forw(ur-?)+++++++m we*

17 *þæt ...... nne on:* Maier *þæt +++++++(a-?)nne on.* Erickson's tentative suggestion *þæt [man scyle þo]nne* maintains the general sense of the passage, but his use of 10 letters and 2 spaces exceeds the space available, even with *man* abbreviated. Sisam's *se man onginne* is therefore preferable.

18 *þa ...... 7:* Maier *þan (ge-?) +++++++ 7.* Erickson posited *on þa[m wege beon],* which makes sense but denies Maier's results. Sisam's *þam wege sie* is better grammatically.

19 *geende ...... Swa:* Maier estimated 6 illegible letters. The problem here is whether the original read 'be ended' or 'be at an end.' Erickson noted that, in A, Class II weak verbs have *e* in the past participle rather than *o* (e.g. XVI.115), and emended to *geende[d beon].* Sisam proposed *geendode sien.*

20 *þysse ...... ince:* Maier *þysse (wæ-?)r(a-?) d++ swince*

21 *þ ...... lætan:* Maier *þa(es?) (be-?) (fo-?)rlætan.* Erickson proposed *þ[æt he fo]rlætan,* here adopted.

22 *sawl ...... earnie:* Maier *sawle earnie*

23 *Cw ...... ð ...... æ ...... la:* Maier *Cwæð ++ æðela*

24 *earfoð ...... we:* Maier *earfoðnessa we.* Erickson and Sisam proposed *earfoðnesse.*

30-31 Acts 14:24, 'Per multas tribulationes oportet nos intrare in regnum Dei.'

34 *Dryhtne:* Dryhten A

35 *þær:* þæt A

hlytmed: hlytmeð A

and to his neahfealdum: the sense seems to require that this phrase end the sentence begun in l. 33. Yet the *a* of *and* is a capital, and in ten other occurrences of similar capitals in this homily capitalization marks the beginning of a new sentence. If taken as an introduction to the lengthy Gregorian passage that follows, the phrase reads: 'As far as close friends are concerned, no man can truly redeem another after death.'

41 *freondspedum:* Maier 1834 noted erased *um* after *freond*

44 *7wearde:* 7wearðe A

gewitendu: erased *g* after *ge*

47 Ecclesiastes 9:10, 'Quodcumque facere potest manus tua instanter operare, quia ne opus, nec ratio, nec sapientia, nec scientia erunt apud inferos, quo tu properas.'

potest: erasure after *pot?*

49 *ðu:* written above line

51 *leofestan: l* has cross-stroke for abbreviation

54 *gebeda:* final *n* erased; construe *gebeda* with *onsægdnesse* after Gregory's *lacrimarum*

sacrificia.

55 *blod. Sio onsægdnes:* Sisam 1976 noted that *blod* is altered from *bloð*, there are traces of *sse* in the margin after *sægd,* and in the next MS line *se* is erased after *nes; on* is written above the line.

sawle: w has erased stem

59 *eft:* over erasure

71-3 *We ... doð*: Latin 'quia qui passionis dominica mysteria celebramus debemur imitari quod agimus.' OE trans. 'We who celebrate the mystery of the Lord's suffering ought to imitate in ourselves what we are enacting.'

79 *synna:* final *n* erased

80 *ælætan: ælæten* A

83-4 Matthew 5:23-4, 'Si ergo offers munus tuum ad altare, et ibi recordatus fueris quia frater tuus habet aliquid adversum te: relingue ibi munus tuum ante altare, et vade prius reconciliari fratri tuo: et tunc veniens offeres munus tuum.'

89-90 *ðurh ... <nymþe> þa unsybbe:* the general sense of the passage is clear: all the greatest sins are forgiven except uncharitableness alone. After *ðurh* a single or compound object meaning 'sorrow' or 'contrition' is missing.

unsybbe: second *b* written above line

92 *feor:* e over erasure

103 *gesæd:* final *e* erased

117-18 *utan we ... oferhida:* we and *ofer* end their MS lines, and *e* of *we* and *er* of *ofer* are nearly illegible (through erasure?)

125 *ne seceð:* n of *ne* altered from *r*

134 *dæghwamlican:* After this one expects a noun followed by a prepositional phrase (e.g. *on urum heortan*), the Tironian note, and then perhaps a hortatory expression (e.g. *sculan we*) and the adverb *nu.*

140 *Amen:* Sisam 1976 estimated 10-12 erased letters follow

homily xv, fols 80v-85v

Variants
None

OE Analogues
XV.4-110 *Apocalypse of Thomas:* :
— CCCC 41, art. 12, first part, pp. 287-92 [called 'Exeter' in Förster 1955 ed.];
— BH VII, 91-5 (*Dominica pascha,* second part);
— Corpus-Hatton: CCCC 162, art. 37, *In quarta feria in letania maiore,* pp. 422-31 [unprinted, differing only in minor details, e.g. the treatment of Latin quotations, from the Hatton text]; and Hatton 116, art. 26, untitled, pp. 382-95 (Förster 1913b, pp. 128-36)
144-55   CCCC 302, art. 11, collated with Cotton Faustina A.ix, art. 5 (Assmann 1889, pp. 168-9)

Sources
The *Apocalypse of Thomas* has a complicated textual history. There are two classes of manuscripts:
— the interpolated or longer version, which is closer to the Vercelli and Exeter versions in OE: Verona, Capit. I, fols. 403v-404r (James 1909-10); Munich Clm 4585, fols. 65v-67v (Wilhelm 1907, pp. 40-42); and Vatican, Pal. Lat. 220, fols. 148v-153r [used by Bihlmeyer 1911];
— the non-interpolated or shorter version: Vienna, Pal. Lat. 16, fols. 60r-60v (Bick 1908, pp. 99ff.); Munich Clm 4563, fols. 40r-40v (Bihlmeyer 1911, pp. 272-4); and Munich Clm 8439, fols. 191r-191v (Suchier 1910, p. 272).

Bibliography
Förster 1913b [prints text with notes and offers a reconstructed Latin source] and 1955 [establishes that the four OE versions are independent translations]; Gatch 1965; Otero 1965 [gives translation of Munich Clm 4563 and summary of modern scholarship]

ALIA OMELIA DE DIE IVDICII
Men, sægð us on þyssum bocum hu se halga Thomas, Godes apostol, acsode urne Dryhten hwænne Antecristes cyme wære. Ða wæs Dryhten sprecende to him 7 ðus cwæð:
'Hit gedafenað þæt hit sie on ðam nexstan tide. Þonne hungor 7 sweorda gefeoht bið 7
5   mycel þreatnes geworden bið 7 manigra folca gefehta beoð in ðam nehstan tidum, 7 unrihtwisnesse 7 niðas 7 æfest ofer eall middangeard 7 on iunge cyningas 7 on iungan papan 7 on iungum bisceopum 7 on iungum ealdormannum. 7 þurh þæt þonne ariseð unsehtnesse betweoh twam cyningum 7 twam gebroðrum, 7 þæt gewyrðeð on þam dæge ær se mycla dæg bio; 7 þæt eac, þæt minra mæssepreosta cwemeð ælc oðrum on his spræce, 7 hie þonne
10   nabbað sybbe him betweonum, ac hie me ðonne onsecgað mid swiðe mycle facne mode. 7 þonne gesyhð þæt folc þæt þa mæssepreostas bioð mid unriht gefyllede ymbe hiora welan. 7 hie beoð on hiora ceastrum under/ðeodde, swa hie ær wæron, ðæt bið þæt þæt hie settaþ gyldene heafda 7 seolfrene on heora ceastrum. 7 manige men bioð þonne þurh þa þincg geniðrade. 7 goldhord bioð þonne geopenode geond eall eorðan ymbhwyrft. 7 Godes
15   æwe beoð gefylde. 7 mycel folcgedrefnesse bið ðonne ær Domesdæge. 7 Godes hus beoð aweste 7 þa weofodu beoð to þan swiðe forlætene þæt ða attorcoppan habbað innan awefene. 7 þa halignessa beoð þonne formolsnode. 7 þa mæssepreostas beoð þonne on

unriht awende fram Gode 7 heora ellen beoð gebrocene 7 heora blis 7 heora lar bið eall to tælnesse geþeoded 7 heora gefea gewiteð 7 forwyrðeð. 7 þonne bið eac on ðam dagum yfeles nihtsumnesse. 7 æfensangas bioð þonne gewitene 7 oftogene of Godes huse. 7 eall soðfæstnesse bið þonne onblunnen; 7 leasunga 7 gymeleasnessa Godes beboda bið þonne gemeted on ðam mæssepreostum.

7 þonne ariseð twegen ealdormen to þeoda werigum on heora dagum. Þonne bið hungeres genihtsumnesse. Ðonne ariseð þeod wið þeode. 7 hie bioð þonne aytte fram heora gemærum.

7 þonne ariseð sum swiðe weorð cyning. 7 se bebeodeð þam manncynne þæt man wyrce gyldene anlicnesse 7 hateð þæt settan in Godes cyricean 7 þærto gebiddan. Bið þonne on þa tid martyra genihtsumnesse for ðam þingum þæt man cwelmeð þa mæran, þe nellað gebiddan to ðam hæðenan on/licnesse. 7 æfter ðyssum geweorðeð manna geleafan to Gode gehwyrfed 7 hie beoð on his halignessa gebledsod 7 unrim haligra beoð gefylled mid þy gewuldredan wuldorhelme.

7 þonne æfter fean tidum ariseð sum swiðe mære cyning fram eastdæle 7 hwæðre se bið lufigende Godes æ 7 him bið seald ealle cynelice geofa; 7 bið þonne mycel genihtsumnesse on his dagum.

7 þonne æfter him ariseð eft sum oðer cyning fram suðdæle. 7 se hafað swiðe mycel on his gewealdum 7 fea tide he bið on his dæge. 7 goldhord bioð asprungenne wið Romanisce þeode. 7 þonne bebeodeð se ilca cyning þæt his mycla gestreon man todæle wið hwætes genihtsumnesse 7 wið wines 7 for eles lufan. Forþy bið heora gold asprungen; 7 swaðeah-hwæðere ðær bið ceapes genihtsumnesse, 7 heora goldes ontimbernesse 7 hiora seolfor bið seald for hwætes lufan. Forðan on sæ bið þæt scipliðendra cwalm swa mycel þæt nænig man ne wat to secganne ne nænigum eorðcyninge be ðam scipliðendum.

Æfter þan ariseð oðer cynning swiðe þweorh. 7 se hafað geweald ofer middangeard. 7 fea tide he bið on his dagum. 7 þæt mennisce cynn bið a yfeled 7 a in forwyrd gelæded. 7 þonne æfter þan ariseð fram eastdæle on ðam mycelan Babilonia ceastre swiðe mycel hungor 7 sweorda gefeoht fram suðdæle on Cananea lande. 7 þonne æfter þan bioð ealle wæteras / 7 ealle wyllas on blode. 7 steorran feallað of heofenum on eorðan 7 sunne bið aþystrod; 7 se mona his leoht ne syleð 7 eall hit bið on þeostra gecyrred.

Ðis sindon þa foretacnu to þam dagum þe hit nealæceð to Antecristes cyme.

Wa ðam mannum þe in ðam dagum eardiað ofer eorðan, for ðam brogum þe þonne cumað 7 cuman sceolon ofer eorðan. Wa ðam mannum þe þonne hus timbriað 7 bearn gestrynað. Wa ðam mannum þe þonne wifiað 7 eorðlicum spedum tiliað 7 strynað, forþan hie ealinga on wog winnað 7 swincað. Wa ðam mannum þonne þe geþeodeð hus to huse 7 land to lande, forþan hit eall mid fyre forbærneð, 7 he sylf mid forwyrðeð. Wa ðam mannum þonne þe hie sylfe ne woldon ær behealdan for heora synna þe hie ær worhton, 7 hie gebetan noldon, þa hwile þe hie þæt weorð hæfdon, forþan hie þonne bioð forlætene þonne sio tid cymeð, 7 hie þonne æfre bioð geniðrade a in ecnesse.'

Þis is þonne þæs ælmihtigan Dryhtnes sylfes muðes cwide, 7 he ðus wæs cweðende: 'Ic eom se ælmihtiga Dryhten 7 eallra gasta Nerigend. Þæt ðæt is soð þæt ic secge þæt ealle þas tacenu bioð æt þysse worulde ende geætywde. 7 eac bið swiðe mycel hungor 7 swiðe micle adle ofer ealle eorðan. Forðan manegum men bið swiðe mycel nydþearf ær þære tide þæt hie to Gode gehwyrfen, forþan in ða tid ealle men beoð gehergode / þurh ealle þeode, 7 hie þonne feallað in sweordes ecgum.

7 þæt is þonne þy ærestan dæge: bið þæt æreste foretacn ær ðam Domesdæge, þæt is, þæt þær bið æt ðære þriddan tide dæges on Monandæge swiðe mycel geomrung, 7 þær bið mycel wanung 7 granung 7 murnung 7 sworetung 7 swiðe stranglicu word on heofenes

Homily XV

roderum. 7 swiðe mycel blodig wolcn astigeð fram norðweardum of heofone. 7 bioð þonne swiðe mycele þunerrade 7 mycle ligitta 7 þam folg[i]að sum swiðe mycel wolcenn. 7 þæt wolcen bewrygð ealne heofon. 7 þanon cymeð swiðe mycel blodig regn of ðam wolcne ofer ealle eorðan. Þis syndon þæs Monandæges foretacnu.

7 þonne bið on Tiwesdæge swiðe mycel stefn gehyred on eastweardum heofones roderum; 7 swiðe mycle mihta [7] þær uteðmiaþ þurh þa heofonesgeatu 7 þonne bið se heofon mid micle wolcne bewrigen fram ærnemergen oð æfen. Þis syndon þæs Tiwesdæges tacnu.

7 þonne þy þriddan dæge, þæt bið on Wodnesdæg, æt þære æfteran tide þæs dæges, þonne cymeð sigebeacen of heofonum; 7 wællas bioð cyrmende 7 eorðan grundas of feower hwommum þysses middangeardes. 7 se æresta heofon bið gefealden 7 tolesen, swa swa boca leaf beoð; 7 þæt [he] eft ne ætyweð. 7 þonne æfter þam swiðe raðe bið, þæt seo sweoflennesse þæs muð<es> geopenade 7 grundas aþystrode on þa teoðan tid dæges. 7 þonne / cweðað ealle men: "Wa us nu, earmingas 7 swa synfullan, þæt we æfre þis sceoldon 83r gebidan! Wa us þæs, þæt we æfre gestrynde wæron oððe geborene! 7 nu we magon geseon 7 witan witodlice ðæt nu nealæceð ure endedæge, swa us oft sægdon ða ðe ure lareowas 7 ure boceras wæron þæt ðas tacno sceoldon cuman þe we nu geseoð 7 gyt sceolon. 7 we him dydon to bysmere ða hie us þillic sægdon! Wa us nu, earmingas, þæt we nu lifiað to lange on swylcum ege þæs we næfre ne wendon, þonne man us oft þyllic toweard sægde 7 lærde hu we sceoldon to Gode gecyrran 7 ure earman sawle alysan of hellewite! Ac we his ne rohton; ac we lufedon micle swiðor ura wamba fylnesse 7 on ure gold 7 on ure glengnesse 7 on ure myclan gestreone 7 on reaflacum 7 on gitsunge. Swiðor we þæt lufedon þonne we dydon Godes beboda 7 þyllic, þe we nu geseoð." Wa ðam þe ðis eal sceal gebidan! Ðis syndon þæs Wodnesdæges tacnu.

7 þonne on Þurresdæge þæt bið þæt þonne ariseð eorðan hrymðe fram norðdæle 7 fram eastdæle; 7 eorðan grundas bioð grimetiende 7 ealle eorðan mægen onhrered. |7 þonne| diofulgild bið þonne tobrocen 7 ealle geniðtimbernesse gefylled on ðam dæge. Ðis sindon þæs feorðan dæges tacnu.

7 ðonne on Frigedæge æt þære syxtan tide þonne breceð heofones rodor fram eastdæle oð ðone westrodor. 7 þonne beoð / lociende Dryhtnes englas ufan on þas eorðlican gesceafta þurh þa ungewemmedan duru. 7 þonne ealle men æfter þan sona mid mycle egesan 83v swiðe geþreade beoð. 7 hie þonne fleoð to muntum 7 to denum hie to behydanne. 7 hie ðus cweðað: "We halsiað eow, muntas 7 dena, þæt ge us oferfeallen 7 bewrigen þæt we næfre eft cwice sien, 7 us eorðe eac forswelge / swiðe hraðe gegripe þæt we næfre eft cwice arisan, forðan þe we næfre geahsodon þyllic weorc 7 þyllic egesa 7 þyllic wite, syððan we geborene wæron 7 ðeos woruld gesceapen wæs 7 geworden! Wa ðam þe ðæt eall sceal gebidan."

7 ðonne is þæs Sæternesdæges tacenu þæt fram þam feower sceatum middangeardes bið gefylled [on] heofones rodor mid hellegastum 7 mid heofonlice camwerod þære engelican gesceaft<e>, 7 þonne þær bið micel gefeoht betweoh engla 7 deofla <weroda>. 7 hie gestefniað him betweonum wið ðam unclænum gastum for Godes þam gecorenum 7 his ðam leofum. 7 þonne ða englas oferswiðað ða werigdan gastas 7 hie þonne mid ealle ofercumað. Broðor mine, þis sindon þæs Sæternesdæges tacno 7 þa mihtlican þa þe geweorðað ær ðam myclan Dryhtnes Domesdæge.

7 þonne on Sunnandæge soðlice in ðam dæge ures Dryhtnes onsyn bið swiðe reðe 7 swiðe egesful 7 grim. 7 sio wund bið swiðe grim þam / borene sceoldon bion 7 to swylcum wundre sceoldon æfre geweorðan. 7 þonne gesyhð 84r ure leofe Hlæfdie sancta Maria, Cristes moder, þone earman heap 7 þone sarigan 7 þone dreorigan, 7 þonne ariseð heo mid wependre stefne 7 gefealleð to Cristes cneowum 7 to his

fotum. 7 heo swa cweð: 'Min Drihten Hælenda Crist, ðu þe gemedomadest þæt ðu wære
115 on minum innoðe eardiende: ne forlæt ðu næfre þa deofla geweald agan ðus myclan heapes
þines handgeworces.' Ðonne forgifeð ure Dryhten þryddan dæl þæs synfullan heapes þære
halgan sancta Marian.
    Þonne bið þær gyt behindan swiðe mycel heap 7 swiðe sarig 7 dreorig þæs ðe hie æfre
gewurdon gestrynde. 7 þonne ariseð se halga Michael 7 crypð mid handum 7 mid fotum 7
120 mid mycle <wean 7 fela> teara, 7 luteð swiðe eadmodlice to Dryhtne<s fot>um 7 to his
cneowe. 7 he ðus cweð: 'Min Drihten <ælm>ihtig, ðu me sealdest ealdordom under ðe
<ofer> eall heofenarice þæt ic moste bion þin gewit ...... ra sawla 7feng. 7 nu ic ðe bidde,
min Drihten, þæt ðu næfre forlæte ðus myclan heapes gew<eald> dioflu agan þines hand-
geweorces.' 7 þonne forgifeð ure Dryhten þam halgan sancte Michael þone þriddan dæl
125 ðæs synfullan heapes.
    7 þonne bið ðær gyt swiðe mycel werod 7 swiðe ofermætlice mycel behindan þara
synful/lra sawla. 7 þonne ariseð se halga sanctus Petrus, his ealdorþegn, swiðe sarig 7 swiðe
dreorig 7 mid miclan sarigan tearum. 7 he ðonne mid myclum eadmedum fealleð to ðæs
Hælendes fotum 7 to his cneowum. 7 he ðonne cweð: 'Min Dryhten, min Dryhten ælmihtig,
130 ðu me sealdest 7 me geuðest heofonarices cægan 7 eac hellewita þæt ic moste swylcne
gebindan on eorðan, swylcne ic þonne wolde, 7 swylcne alysan, swylcne ic wolde. Ic bidde
þe, min Dryhten, for þinum cynedome 7 for þinum þrymme ðæt ðu me forgife ðysses
earman 7 ðysses synfullan heapes þriddan dæl.' 7 þonne forgifeð ure Dryhten ðam halgan
sancte Petre ðone ðriddan dæl þæs synfullan heapes.
135   7 þonne bið þær gyt swiðe mycel werod behindan 7 þæt Gode swiðe lað. Ðonne be-
syhð se soðfæsta Dema on þa swiðran healfe to his ðam gecorenum 7 to his ðam halgum.
7 he ðus cweð: 'Uenite, benedicti patris mei, percipite regnum quod uobis paratum est ab
origine mundi!' He swa cwæð: 'Cumað ge nu, gebledsode, 7 onfoð mines Fæder rice þæt
eow wæs geearuwad fram fruman middangeardes.' 7 þonne gyt besyhð ure Dryhten on þa
140 wynstran hand to ðam synfullan heape. 7 he ðus cweð to him: 'Discedite, maledicti, in
ignem æternum qui præparatus est diabulo et angelis eius.' He swa cwæð: 'Gewitað, ge
awyrigde, fram me / in ða neoðemestan hellewite 7 in ðæt ece fyr ðe ðam diofle wæs
geearwod 7 eow þe ge him hyrdon.'
    7 þonne gesamniað ða dioflu hie tosomne 7 hie ðonne drifað þa synfullan 7 þa cear-
145 fullan sawla to helle. 7 se halga Petrus gæð mid 7 bereð hellecægan on handa. Eala, broðor
mine, hwæt! ðær mæg gehyran micel sorh 7 mycel wanung 7 mycel sworetung 7 mycel
wop 7 toða gristbitung 7 þone hludestan sarigcerm 7 þone sarigestan stefn 7 þone sarigestan
wanunge 7 granunge. 7 þonne drifað ða deofla þa synfullan sawla 7 þa dreorigan in helle-
witu. 7 hie sylfe gað mid in on þa helle. 7 þonne wendeð sanctus Petrus þanon <to> helle-
150 dura. 7 he beluceð þa helleduru syðþan þa earman sawla bioð in ða ecan helle 7 in ða ecan
cwylmnesse, 7 ða deofla mid him. 7 þonne wendeð him sanctus Petrus þanon fram þære
helledura. 7 he ðonne weorpeð ða cearfullan cæge ofer bæc in on þa helle. Ðis he deð
forðam þe he ne mæg locian on ðæt mycle sar 7 on ðam myclan wanunge 7 on ðam myclan
wope þe þa earman sawla dreogað mid ðam deoflum in helletintrego. Eala, broðor mine,
155 hu mycel 7 hu hlud bið se cnyll þonne seo cæge fealleð in ða helle!
    Men, siððan ne ðurfan þa synfullan 7 ða sorhfullan sawla wenan ne ða diofla þon ma
þæt hie æfre onfon syðþan / reste. 7 þonne Dryhten færð him mid his englum 7 mid his
apostolum 7 mid his ðam haligra werod to heofenarice mid myclan þrymme 7 þær syððan
wuniað in ecum wuldre. 7 hie habbað symle gefean syððan 7 blisse mid urum Dryhtne,
160 ðam sie symble wuldor 7 wyrðmynd 7 ece gefean a butan ende in secula seculorum. Amen.

Homily XV

1 *title:* large, square capitals in black, almost filling a full line
2 *Men:* in expanding the abbreviation m̄ to *men* I have followed Krapp 1932 rather than Förster 1913b, who expanded to *man* giving a sentence with an unexpressed subject. The longer, perhaps preferable expansion to *men þa leofestan,* would depart from the guidelines for abbreviations and contractions laid down by Capelli 1960 and others. The opening abbreviation here also occurs in XVI, XVII, and XVIII.
4 *tide:* Förster 1913b suggested *tidum* as trans. for *novissimis temporibus*
10 *onsecgað: onsacað* A; emendation proposed by Förster 1913b as trans. for *sacrificabunt*
13 *settaþ ... ceastrum:* represents *dantes capitularia civitatum aurum atque argentum.* Exeter has *Gold 7 seolfor ne bið nohte weorð.*
ceastrum: a written above line
15 *Domesdæge: æ* written over erasure
26 *bebeodeð:* MS pointing is *be.beodeð*
33 *Godes æ:* Sisam noted possible erased *e* after these words, which are written over erasure
36 *bið on:* written over erasure
37-8 *7 þonne ... lufan:* OE text seems to say 'And then that same king will order that his great treasure be divided in consideration of the abundance of wheat and (the abundance) of wine and because of the love of oil.' Förster 1913b noted that the homilist may have wrongly connected *caritas* with *olei* and then translated: *for eles lufan.* To render the Latin genitives for wheat, wine, and oil, the homilist gives a *wið*-phrase for the first two and a *for*-phrase for the third. Bosworth-Toller 1898 cites mercantile or conditional uses of *wið* under definition II.4. The MS pointing is odd: *wið hwætes genihtsumnesse. 7 wið wines. 7 for eles. lufan.* The isolation of *lufan* suggests that *wines* and *eles* should be construed with *genihtsumnesse,* but then *lufan* would have to belong to the next sentence. The repetition of certain key words and phrases in this general passage, ll. 36-40 – *asprungan(ne), genihtsumnesse, hwætes, lufan* – might suggest scribal error, but it is possible that the homilist, working with a difficult Latin text, produced an equally difficult OE text, which VS tried to clarify by pointing. Another instance of incorrect pointing occurs in l. 26.
40 *for hwætes lufan:* Förster 1913b commented: ' ... a translation (clumsy indeed) for *pro frumento.*'
41 *nænigum eorðcyninge:* Förster 1913b attributed this divergent rendering of *nemo nemine novum referat* to false sentence division in the Latin text
47 *his: hire* A; Förster 1913b thought that the MS reading was a scribal substitution for correct *his*
57 This sentence introduces the second part of Christ's address to Thomas. Although the transition is somewhat weak here, it is non-existent in the Latin. James 1924 (p. 558) concluded that there was a break after the 'woes' (ll. 49-56), noting that the shorter Latin versions begin at this point though not with the same wording.
cweðende: an erasure follows, described by Sisam 1976 as 'a squarish mark, enclosing three horizontal dots'
58 *eallra: r* written above line
59 *geætywde: t* is underdotted, but no letter is written above line. Förster 1913b thought that *oðywed* was intended.
63 *bið þæt:* Förster 1913b suggested deletion for smoother reading
66-7 *7 bioð ... wolcenn:* Förster 1913b believed this sentence should run: *7 þonne swiðe mycele þunerrade 7 mycle ligitta folgiað þam swiðe myclan wolcne.* His changes were

meant to accommodate *folgiað*, here emended to the singular *folgað* for concord with *wolcenn*.
71 Exeter's *7 micle mihta þær utæðmað* supports the deletion of *7* after *mihta*. *heofonesgeatu: heofonas-* A
74 *wællas: weallas* A; emendation proposed by Förster 1955
75-6 *7 se ... ætyweð*: the Latin here is unclear. Förster 1955 observed: 'The Latin means, I suppose, that the fact that the heaven was "folded like a book," did not become apparent, because of the sulphorous smoke *(fumus)* emanating from the chasms *(abyssi)* in the earth. This is partly brought out by the Vercelli homilist; only we must leave out his superfluous *he* and read: *and þæt eft ne ætyweð* "and this then will not appear."' *sweoflennesse:* a hapax legomenon. Stilwell 1947 rendered 'the smoke and stench of sulphur.' Cf. Exeter: *7 ealle bioð mid swefles ful<n>issum aðistrade;* Corpus-Hatton: *of eorðan deopnesse astigeð mycle sweflen lyge.*
85-6 *glengnesse:* second *n* has a short stroke above it (a minim?)
89 *hrymðe: frymðe* A; emendation proposed by Förster 1955
90 *eorðan mægen:* Exeter and Blickling support A on this hard reading
90-91 */ 7 þonne/: þonne 7* A
93-101 The signs for the fifth day, which are Thursday's signs in the Exeter version, do not appear here, but the signs for the sixth day are moved so that Exeter and A thus agree on Friday's signs. Blickling and Corpus-Hatton do not name the days of the week. For the fifth day Blickling includes the same material as A while Corpus-Hatton follows the Exeter distribution of signs for the fifth and sixth days.
97 *halsiað:* Sisam 1976 read *h* from *a*
103 *camwerod:* Sisam 1976 noted possible erased *nesse* following
104 *<weroda>*: proposed by Förster 1913b in preference to emending *engla 7 deofla* to *englas 7 deoflu*
106 *werigdan: d* written above line
110-11 *þam / borene:* one folio is missing
113 *to Cristes: to* written above line
116 *handgeweorces:* erasure after *hand;* Sisam 1976 read *se*
119-27 A Stain on fol. 84r forms a transversal starting at the right margin at the end of MS l. 12 (and with greater extension beyond the margin at MS l. 13) and recedes to the middle of MS l. 24. The stain is never more than 1½ inches wide, following almost the same path as that on fol. 77r. With one exception (l. 120) all of the text can be easily reconstructed when supplemented by the Maier 1834 transcript. Förster 1913b was able to read more than is now possible, though he and Maier do not quite agree on the spelling of Michael's name, viz., *Michahel* or *Michael*. Maier's notes follow, keyed to lines in this ed. given in parentheses:

MS l. 13 (119) *michael*
    14 (119-20) *7 mid mycle wen ++(ful-?)*. Maier was confident of *wen*.
    15 (120) *to dryhtne ++(ct-?) um*. Maier placed *s* with query above the first *+* and wrote *c* over an erased *+*.
    16 (121) *drihten (alm-?ihtig*. Maier was unsure about *alm: a* is written over *e, l* and *m* over illegible letters or signs.
    17 (121-2) *under ðe +++ eall*
    18 (122) *bion þin ge wit(ten-?)*
    19 (123) *min drihten(es-?) æt. es* written over *++*.
    20 (123) *heapes gew (eart-?) dioflu*. Read *geweald*.

MS l. 21 (124) *7 þonne. forgifeð*
    22 (124) *sancte michael. þone*
    23 (126) *7 þonne bið ðær*
    24 (126) *ofermætlice mycel*

For MS l. 14 Förster 1913b conjectured *agotennysse,* but Sisam's (1976) suggestion *mid mycle wean and fela teara,* here adopted, honours at least partially Maier's *wen* and keeps the rhythm of the sentence. For MS l. 17 Förster tentatively advanced *under engla werode* (or *werodum*), but Sisam's *ofer* corresponds better with Maier's estimate of 3 illegible letters. MS l. 18 admits of no easy solution. Förster avoided conjecture and emendation, while Sisam found too strained Maier's solution, *þin gewitenra eallra sawla andfeng;* she wondered if *eall,* now illegible, was not an error subsequently deleted.

137 *quod uobis: aduoƀ* A; expanded to *a duobus* by Förster 1913b, to *ad uobis* by Sisam 1976; emendation proposed by Förster following OE trans. (so also Corpus-Hatton)

137-8 Matthew 25:34. The wording is not that of the Vulgate. The phrases *quod uobis* and *ab origine* are from the *Itala* version.

140-41 Matthew 25:41

149 *<to>: fram þære* A. Förster printed this paragraph without comment. The sentence in ll. 149-50, a word-for-word anticipation of the sentence in ll. 151-2, is illogical: the apostle leaves before he arrives. The entire sentence may be an intrusion, but appearances can be saved by taking *fram þære* as the offending element.

157 *his englum: i* of *his* written above line

homily xvi, fols 85v-90v

Variants
None

OE Analogues
XVI.2 Other homilies with a similar *'hwylcumhwego* opening' are:
— BH XI, 115-31 (entitled by a later hand *On Þa Halgan Þunres Dei*) ;
— *De sabbato sancto*, Bodley 340, art. 26, fols. 144r-152v, also extant as *In sabbato sancto* in CCCC 162, art. 31, pp. 365-82, and as *De sabbato sancto* in CCCC 198, art. 26, fols. 186v-196v ;
— XVIII (see below), also extant as BH XVII, 197-211 (*To Sancte Martines Mæssan*) and as (untitled) Junius 86, art. 8, pp. 62-81.
53-71 Cf. Ælfric, *Epiphania Domini* and *Dominica sancte pasce*, CH II, 108 and 228

Sources
As an exposition of Matthew 3:13-17 for the Epiphany, this homily follows Gallican or Neapolitan use, not Roman use.
XVI.53-71 Gregory the Great, *Homilia X ... ad populum ... in die Epiphania*, PL 76, 1111
[Gregory's homily is item 48 in Paul the Deacon's homiliary, *pars hiemalis*]
109-29 Quodvultdeus, *De symbolo ad catechumenos sermo alius*, PL 40, 658-9

Bibliography
Erickson 1972 [discusses damaged folios of XIV and XVI], Szarmach 1978

OMELIA EPYFFANIA DOMINI   85v
Men, sceolon we nu hwylcumhwegu wordum secgan be ðære arweorðnesse þysse halgan tide 7 þysses halgan dæges. Ðæt wæs on þyssum dæge þe nu 7weard is ðæt ure Dryhten gefulwad wolde bion. Ne dyde forðy þe him æfre ænig synn oððe leahtor on him wære
5 þæt him sceolde fulwihtes bæð of aðwean, ac he forþan ðæt dyde þæt he wolde eall manna cynn ðurh hine to ecere hælo bysene onstellan.
   Forðan sægð sanctus Mætheus se godspellere ðas dryhtenlican fulwihtes dæg æfter þysse endebyrdnesse 7 ðus cwæð: 'Uenit Iesus a Galilea in Iordanem ad Iohannem ut baptizare[n]tur ab eo.' 'Se Hælend cwom fram Galilea ðam lande to Iordanem þære ea 7
10 to Iohannem þæt he ðær wolde beon gefulwad fram him.' 'Iohannes autem prohibebat eum dicens.' 'Iohannes him þæt ða bewerede 7 him to cwæð: "Hwæt, ðæt is gedauenlicre ðæt ðu me fulwige, 7 ðu nu to me come?"' 'Respondit autem Iesus et dixit'/
þæt wæter æt ðam fulwihte geclænsode oððe him ðæs ænig þearf wære; ac he eall wæter   86r
þurh hine geclænsode 7 gebledsode, 7 he allum wæterum þæt mægen fæstnode 7 þa bled-
15 sunge forgeaf, siððan he his lichaman hrinan ...... 7 he on him gefulwad wæs þæt hie a sieððan meahton þurh gastlice halgunge mancynne Gode Sylfum to bearnum gewyrcan. 7 swa bið æghwylc þær<a> manna, se ðe rihtlice bið gefulwad, he bið Godes bearn gif he þonne ða fulwihte mid godum dædum healdan wille.
   7 he swa cwæð þæt Iohannes him 7swerede 7 him to cwæð ðæt ðæt wære gedafenlicra
20 þæt Crist hine gefulwade, ðeah þe he ða him to cwome, efne swa swa he cwæde: 'Ic eom deadlic mann 7 gehrorendlic 7 þurh Adames scylde ic eom gebunden; 7 ic forðan hæbbe þæs fulwihtes bæð 7 þære clænsunge þearfe.' 7 ða andswarode him sanctus Iohannes 7 him to cwæð: 'Ac nis þe þæs fulwihtes bæð nan þearf forþan þu eart clæne 7 unwemme, 7 ealle clænnesse 7 ealle halignesse 7 ealle soðfæstnesse gecyndelice on þe standað; ac ne m[e]æg

25 ænig man þine clænnesse ne þine halignesse geiecan. Ac ælc man sceal <þurh þe> bion
clæne 7 unwemme 7 halig ge<weorðan, se þe i>s clæne <7> halig beon sceal oððe bion
<wille. Se Hælend him> to cwæð: 'Forlæt þis bion ...... nesse ...... / þæt wit mancynne   86
eallre hælo 7 ealre eadmodnesse bysene onstellan.' Swa swa he to ðam middangeard<e>
cwom þæt he wolde þæt þæt þurh hine gefylled wære 7 þæt he wolde mancynne þurh
30 hine sylfne ealle soðfæstnesse bysene onstellan; 7 rihtlice þæt wæs þæt Dryhten geteohhod
hæfde þæt seo ece hælo to mancynne þurh fulwihte gewyrðan sceolde 7 þæt he ða sylf
eac þurh hine þa bysene wolde onstellan þæt ælc þara manna wisse þe æfter þysse worulde
sceolde on heofenarice cuman ðæt he ðonne sceal nu ær her in worulde to þam gastlicum
geryne onfon æt gehalgodes preostes handa oððe æt bisceopes sylfes. 7 he þurh þæt sceal
35 ef<t> beon Gode sylfum acynned to ecum life.

Se Hælend þa 7swarode Iohanne 7 þus cwæð: 'Þæt me gedafenað þæt ic ealle soðfæst-
nesse gefylle.' 7 þa forlet he þone Hælend under his handa 7 hine þa gefulwade. Forðan þe
se eadiga wer sanctus Iohannes ærest he wiðcwæð, forþan he cwæð þæt þæt he forhtode
for þære myclan eadmodnesse þe ure Dryhten Hælenda Crist hæfde; 7 sanctus Iohannes
40 he hæfde egesan to þan 7 him þæt þuhte þæt his gemet ne wære þæt se heofonlica Cyning
under his handa gehnige. Forþan he þæt dyde for his eadmodnesse. He ærest <wiðcwæð,
ac ðonne mid> hyrsumnesse he geðafode. Swylce <wearð æt þam dryhten>lican fulwihte
se / cwide 7 se witedom gefylled 7 geworden þe Dauid se witiga in þam sealme sang 7   87
toweard sægde, ða he þurh Haligne Gast [7] þa dryhtenlican fulwihte him toweard geseah.
45 7 ða sægde he 7 witgade þæt þæt wæter sylf urne Dryhten ongeate 7 andettan sceolde.
He ðus cwæð: 'Quid est <mare> quo<d> fu[i]gisti, 7 tu Iordanis, quare conuersus es[t]
retrorsum?' 'Hwæt is þe, sæ, forhwan fluge ðu? Oððe þu, Iordan, forhwan cerdest ðu on
bæclincg.' 'Iordan' is haten seo ea þe se Hælend on gefulwad wæs. 7 heo is swiðe mycel
wæter 7 swiðe strang stream hafað 7 sæflod onyrneð. 7 þa wæs geworden in þa tid, þe se
50 Hælend in þæt wæter astag, þa gecyrde se sæflod 7 se stream eall on bæcling 7 swa stille
gestod þæt flod. Swylce he flowan ne meahte, ac he wæs swiðe mid þy godcundan egesan
geþreatod þæt he hine styrian ne dorste.

Ongeat sio gesceaft þæs Scyppendes mihta [7] þa sona þurh hire gecynd, swa swa ealle
gesceafta þone Hælend ongeatan on middangeard cumend<n>e, 7 þæt ealle þurh heora
55 gecynd ondettan sceoldon. Hwæt! hine ærest heofonas ongeaton, 7 forþan sona heora
steorran to tacne sendon þæt he ða tungolcræftigan, swa ic ær sægde, þæt of eastan mid-
dangearde to Dryhtne gelædde þæt hie to him gebædon. Hwæt! hine eac swylce sæ 7 eall
wætercynn ongeaton 7 hie forþan under his fotum / geeardedon 7 gestiðadon, 7 weg ofer   87
hie geworhton. 7 swa we leorniað on godspellum þæt he ofer þone sæ 7 ofer wæter mid
60 his fotum eode to his apostolas, 7 swylce eac æt þyssum fulwihte þæt þæt wæter hine
ongeat 7 ondette 7 se stream eall on bæcling gecyrde. Swylce eac þeos eorðe hine ongeat 7
heo forðan bifode 7 geforhtode in þa tid þe <he> for mannum geþrowode. 7 hwæt! hine
eac swylce wegas 7 stanas ongeaton; 7 swa we leorniaþ on bocum þæt ða wæs geworden
in ða tid þe he for mancynne geþrowode þæt þæs temples in Hierusalem sum dæl on innan
65 gefeol 7 manige stanas toburston. 7 Golgaðða þæt clif þe he on ahangen wæs þæt tobærst
eall, 7 hit ða byrþenne ahebban ne meahte, forðan [he] hit eallra gesceafta Scippend on
him hæfde. Hwæt! hine eac seo hel sylfa ongeat, forðan þe heo ær deaðe gehæfte 7 on
hire hæfde 7 þa heo eft þurh his cyme to life ageaf. 7 swa ure Dryhten hine ealle oðre
gesceafta ongeaton 7 ondettan. 7 hine þonne hwæðre ða forheardydan heortan Iudeas
70 hine ne woldon ongitan, ac hie wæron heardran þonne ænige stanas; ac hie forðan næfre
to hira ræde gecyrran ne meahton. Ac forþan we þæs sceolon, men þa leofestan, urum
Dryhtne asingalice mid eallre heortan þancian, þæs þe he us þurh his mildheortnesse forgeaf

Homily XVI

7 for/gifan wille, þæt we hine soðne God ongeaton 7 wiston, þæt we ure lif mid soðe 7 mid rihte lifigan moton 7 magon 7 cunnan, gif we willað swa don swa ure scrift us tæcaþ 7 læraþ.

Sceolon we nu eac, broðor mine, þone halgan godspell secgan 7 reccan þæt we ær ongunnon secgan.

7 he swa cwæð þæt Crist, þa he wæs gefullad, þa astah he on þam wætere 7 him þa wæron heofonas opene, næs belocene. Se godspellere forðan he swa cwæð þæt Criste heofonas opene wæron 7 ealle gesceafta, ægðer ge heofonlic[r]e ge eorðlice, him underþeodde wæron sona 7 opene 7 cuðe 7 agene, forðan þe he us ealle gesceop 7 geworhte 7 he us ealle on his anwealde <hafað> 7 on his mihte ealle we standaþ 7 we on syndon. Ac mid gastlicum eagum 7 þurh gastlice gesyhðe þas heofonas wæron geopenode. 7 he mid þy tacnode þæt us beoð symble þurh þa þegnunga þære halgan fulwihte mid gastlice 7 gerynelice <gesyhðe> heofonas opene, 7 ealle synna forgifnesse geseald, 7 gif we þonne þæt gastlice gerene mid rihte geleafan 7 mid godum dædum healdan 7 lufian willað.

He ða sanctus Iohannes geseah Godes gast of heofonum astigende on culfran onsyne ofer hine cumende. Culfre bið <bil>hwitre gecynde, forþan se Halga Gast on culfran onsyne ofer / Crist cumende wæs æt þære fulwihte, se ðe næfre fram him wæs, ac he his anre godcundre <gecynde godcundnesse> mid hine hæfde; 7 forþan he to þan cwom mid hine on middangearde þæt he wolde mancynne bilhwit 7 ea<c> soð geweorþan, nalles þæt he wolde þurh strangne dom 7 þurh heardne <dom> witnian, ac þæt he wolde mid arfæstlice 7 mid mildheortlice ...... mancynne heora synna forgifnesse syllan ælcum þæra manna þe nu þurh soðe hreowe 7 þurh soðe dædbote to him gecyrran willað. Swa se witiga be ðan to Dryhtene cwæð: 'Ic wat, Dryhten, ðæt ðu eart geþyldig 7 eaþmod 7 swiðe mildheort 7 arfull eallum þam mannum þe heora synna 7 heora facn wyrcende synd; þu eallum þam forgifnesse selest 7 eallum þam þe nu þurh soðe hreowe 7 þurh dædbote 7 þurh andetnesse þe biddende sendon forgifnesse.'

7 þa wæs þæs Heahfæderes stefn geworden of heofonum, 7 seo wæs sprecende 7 þus cweðende: 'Þis is min se leofa Sunu in þam me wel licade,' efne swa he cwæde: 'Þis me is gecyndelic Sunu.' In manegum stowum we þæt leorniaþ, in conone þære boc 7 in oðrum Godes bocum, þæt ure Dryhten ealle halige men on þyssum middangearde him to bear<n>um nemneð for heora rihtum dædum 7 for heora eadmedum 7 for heora clænum geþohtum 7 for his þære myclan lufan, þe he to his / þam halgan hafað; ac seo syb bið hwæðre þurh Dryhtnes gife 7 þurh his mildheortnesse. 7 nu ure Dryhten Hælenda Crist he wæs þam ælmihtigan God Fæder gecyndelic Sunu forþan þe he wæs of God Fæder acenned ær eallum gesceaftum, soð God [7] of soðum Gode, 7 se ælmihtiga of ðam ælmihtigan, 7 ealle gesceafta þurh hine gesceapene 7 geworhte wæron.

Broðor mine, us is þonne nu mycel neodþearf þæt we geleornian Godes geleafan swa us riht sie; 7 we mid rihte cunnan 7 mid rihte ongitan magon 7 moton. Broðor mine, ic ne wat butan hwylc man sie se ðe ungelæ[d]redra sy, 7 he þus on his modgeþanc 7 on his heortan geleafan [7] be þære halgan Þrynesse þus cweðe: 'Hu mæg ic þæt ongitan be ðære halgan Þrynnesse? Þæt syndon þreo hadas 7 hwæðre an God is 7 an godcund sped?' On þam is geþoht swylcum manna. Anra gehwylc mæg him sylfa geandswerian. Hwæt! we feala þinga geseoð on þyssum woruldlicum gesceaftum ðæt is an þing, 7 hwæðre ðreo þing fullice on him hafað, þeah ðe seo gesceaft ne sie gelic to metenne wið þam Scippende, ne þæt lytle þing wið ðam mæstan. Ac we hwæðre magon for þæs lytlan þinges bysene 7 þæt mæste eac geseon 7 þæt an ymbþencendlice / beon þæt we þy eð oncnawan 7 ongytan magon.

Hwæt! we geseoð þonne gearlice þæt þis fyr þe her man beforan us hafað, hwæt, þæt is

an leg, 7 hwæðre se an leg þreo þing fullice on him hafað. He hafað ærest his sylfes onsyne,
þæt he is hwit, swa we geseon magon ...... 7 þonne is þæt þridde þæt lihteð eall geond
eorðærn, gehwilum mycle widdor þonne sceole. 7 þonne is hit hwæðre an leg, 7 ne mæg
ænig man þæt hate fram ðam hwite ascadan, ne ðæt hwite fram þam legeleohte, ac þæt is
125 an fyr swa we geseoð. 7 nu swa þonne seo halige Þrynis 7 Fæder 7 Sunu 7 se[o] Haliga
Gast þæt is an God 7 an godcund sped 7 an miht 7 an þrym 7 an wuldor 7 an willa. 7
efenece þone Ænne we sculon ecne gelyfan butan ælcre frymðe oððe onginnesse, forþan
he næs næfre ænig frymðe ne onginnesse, ac he wæs soð God ær eallum gesceaftum, 7 ealle
gesceafta wæron þurh hine gesceapene 7 geworhte wæron. 7 he nu eallra wealdeð a to
130 widan feore, forðan þe his rice 7 his mihta næfre ænig ende cymeð. 7 ealle þa men þa þe
nu her in worulde synd, <þe> soð 7 riht don willað, 7 on his bebodu a wuniað, ealle þa
moton æfter þysse worulde ecelice on his ðam fægeran rice mid hine a to widan feore
gefeon 7 blissian.
    7 nu, broðor mine, þæt fægere rice 7 þa eadignesse 7 ða myclan wyrðmendo we sculon /
135 nu heonon forð ofer eorðan geearnian þurh micel gewinn 7 þurh micl ellen 7 þurh manig-
fealde sorge, swa se apostol be ðan cwæð: 'Per multas tribulationes oportet nos intrare in
regnum dei.' 'Þurh manigfealde sorge 7 þurh manig<e> earfoðnesse we sceolon heonon
of ðyssum middangearde to heofonarice becuman.'
    Ac utan we gemunan hu ure yldran, þa ærestan men, þurh hwylc þing hie ða eadelican
140 life forworhton on neorxnawange, ða Dryhten hie ærest æt frymðe in gesette. Efene hie
wæron þurh oferhygdnesse 7 þurh ungehyrsumnesse 7 þurh þa lufan þæs idlan wuldres 7
þysse idlan are 7 þurh ða gitsunge 7 þurh þa wilnunge þara gerynelicra þinga 7 þurh þone
æt þæs beweredan treowes 7 þurh heora unnyttan lustas — 7 þurh þas þing ða ærestan men
wurdon ascofene 7 aworpene of neorxnawanges gefean. 7 nu se man, se ðe þæt þenceð
145 þæt he of þysse gehrorenlican worulde þone heofonlican rice begite, he ðonne sceall eal-
linga oðerne weg gefaran 7 oðrum dædum don. He sceal beon þonne eaðmod on his
heortan 7 hersum to ælcum men 7 to Gode; 7 he sceal þysse worulde wuldor forseon 7
ealle yfele lustas anforlætan; 7 he sceal habban Godes lufan 7 manna on his / heortan, efne
he sceal eac þa lufian for Godes naman þa þe him wiðerwearde synd; 7 he sceal halige
150 wæccan 7 singalice gebedu for Gode begangan; he sceal fæsten begangan 7 þa lufian mid
clæne ælmessan 7 mid mycle <mildheortnesse> ...... forwyr<ne>dnesse habban on his
life; 7 he sceall beon ælmesgeorn for Godes naman 7 for his sawle. Þurh þas lare, broðor
mine, 7 þurh ðas dæda, þa þe ure mæssepreostas us tæcaþ 7 læraþ, þonne sceolon we þone
weg eft gefaran to heofonarice 7 to þam heofonlican ham.
155   Ac uton we nu forþan, men, ure sylfra lif mid mycle egesan 7 mid mycle behygdnesse
geseon, 7 sceawian ure sylfra lif, 7 geearnian we mid godum dædum, þæt is þonne mid
clæne ælmessan 7 mid leohte to urum ciricean 7 to urum mæssesteallum 7 mid urum
rihtum teoðum dælum 7 mid godum geþohtum. 7 mid þyllicum dædum we magon þa
heofonlican rice begitan 7 on becuman 7 mid urne Dryhten Hælende Crist, se ðe leofað 7
160 rixað nu a þurh eallra worulda woruld a butan ende in saecula saeculorum. Amen.

---

1 *title:* square capitals in black, but not so large as the opening capitals for XV, XVII, and XVIII. The words *Epyffania Domini* and a portion of the line above the title have been blotted out, probably by Maier. The results resemble the staining on fol. 75v. Sisam 1976 estimated about 10 erased letters beginning OM (= OMELIA). The first 4 MS lines of the homily have been lightly stained by a different substance.

2 *Men:* for the expansion of *m* to *men* see note to XV.2

2 *hwylcumhwegu:* final *m* erased
8-12 *'Uenit ... dixit':* Giuseppe Bianchini transcribed this passage in his 1748 letter to Cardinal delle Lancie, becoming the first modern scholar to transcribe the OE of the *Vercelli Book.* After *dixit* (l. 12) Bianchini wrote '...pet peter etc.,' which suggests that the folio missing after 85 was missing in his time. Fol. 86 begins with *þæt wæter,* the words Bianchini was trying to transcribe.
9 *baptizare[n]tur:* babtizarentur A
10-12 *þæt ... ðæt ðu me:* MS ll. 21-3 are intermittently spotted, evidently because of contact with the staining on fol. 86r. The reading *ðæt ðu* is almost lost.
10 *autem:* VS uses the distinctive insular abbreviation ħ for *autem* and the standard abbreviation for *pro* in writing around a hole that affects MS ll. 21-2.
prohibebat: prohibebað A
12-13 *dixit' / þæt:* A single leaf undoubtedly continuing the exposition and analysis of the biblical text is lost.
15 The loss of a few words, perhaps the verb *forlet* among them, does not obscure the sense: the very touch of Christ's body sanctified the waters.
19 *7swerede:* 7 written above line
gedafenlicra: f written above underdotted u
25-7 *sceal ... nesse:* the last 5 lines of fol. 86r have been damaged by a reagent, which has further obliterated a previous erasure. Several words at the left margin are untouched. Maier 1834 was able to read more than the manuscript now allows. I first present a transcript of the MS lines and then a discussion of the passage keyed to the MS lines and Maier's readings.
Transcription [beginning with *nesse* of *halignesse* (l. 25)]:
MS l. 20 *nesse geiecan. ac ælc man sceal ...... bion clæne*
21 *7 unwemme. 7 halig ge ...... clæne ...... beon*
22 *sceal oððe bion ...... to cwæð. forlæt*
23 *þis bion ......*
24 *nesse ......*
Discussion:
MS l. 20 *ælc man sceal +++++++ bion:* Maier apparently attempted to imitate the strokes of the first 5 illegible letters. His *i* in *bion* is written over *e.* Erickson 1972 and Sisam 1976 agreed on the reading *þurh þe,* here adopted.
21 *7 halig ge (wetr-?)o ++++++s clæne:* Maier designated the 6 illegible letters as erased and queried whether the 5th and 6th were *e* and *a* respectively; he was uncertain of *wetr.* Read *geweorðan.* Erickson proposed *se þe is* for the remaining letters, here adopted. Sisam gave *se þe clæne 7;* I adopt her 7.
22 *oððe bion ++++++++++++ to cwæð. forlæt:* Maier may have written his *to* over 2 other letters. Erickson proposed *mæg. crist him* for the lacuna, while Sisam offered *wille se Hælend,* here adopted.
23 *þis bion:* Maier designated everything after *bion* as 'loci erasi.' His *i* of *bion* evidently replaces *e.* Erickson proposed *swa wit ealle rihtwis* (or *soðfæst) nesse* for this lacuna.
24 *nesse:* Maier designated everything after *nesse* as 'loci erasi.' Erickson proposed the continuation *gefyllan sculon.*
The loss of so much from these lines makes interpretation difficult. Somewhere on ll. 26-7 the homilist moves from John's speech to Christ's; from *Forlæt* on, it is Christ who is urging that an example of humility be established.

28-30 *bysene ... ealle:* written over erasure
30 *geteohhod:* second *h* written above line
33 *sceal: c* resembles an *e*
37 *gefylle:* final *d* erased
39 *Hælenda:* the weak form occurs in l. 105 below and in XV.114, XVII.54, I.372, and VII.128

7 *sanctus:* over erasure whose first letter may be *g*. Sisam 1976 suggested original was *egesan* as in l. 40.

41-2 *ærest ... fulwihte:* although the staining of the last 5 MS lines of fol. 86r shows through the page, only the last 2 lines of fol. 86v have been seriously affected. In MS ll. 20-22 (40-41 of this ed.) the following words have been stained but are decipherable even in facsimile: *hæfde, egesan, heofonlica, cyning, for.* Maier's readings help somewhat to restore the last two MS lines:

MS l. 23 (41-2) *ærest ...... hyrsumnesse:* Maier estimated that some 18 letters were erased.

24 (42-3) *fode.swylce ...... lican fulwihte se:* Maier estimated that some 18 letters were erased. He was uncertain whether the MS had points after *swylce* and *lican.* Read *dryhtenlican* as in l. 44.

Sisam 1976 and Erickson 1972 offered these reconstructions: *he ærest wið cwæð, ac ðonne mid hyrsumnesse he ge ðafode, swylce wearð æt þam dryhten lican fulwihte* (Sisam); *he ærest þæt geþafode for his hyrsumnesse. he geðafode swylce þæt wære þurh dryhten lican fulwihte* (Erickson).

44 *dryhtenlican:* Sisam 1976 conjectured *e* is from *l,* which was originally begun. Maier 1834 read the top of the ascender as *s.*

46-7 Psalm 113:5. Despite the five mistakes that mar the presentation of this verse, it is clear from the conjunction *quare* that the homilist is quoting the Roman version of the Psalter. The Gallican version adds *tibi* after *est* and reads *quia* for *quare.*

46 *Qui̲d: Quið* A

53-5 The Tironian note after *mihta* does not help clarify this loosely constructed sentence. The distinction between Creation and all created things does prepare for the enumeration of created things that is to follow. The presence of *þurh hire gecynd* and *þurh heora gecynd* is suspicious.

56 The clause *swa ic ær sægde* may indicate that the missing leaf after fol. 85 contained a capsule story of the Magi. This is by no means certain since the homilist throughout focusses steadily on the Baptism of Christ. If this homily formed part of a series given on the Epiphany, the homilist may be referring to a homily on the Magi delivered earlier. Cf. XVIII.28.

57 *gebædon:* heavily stained
61-2 A reference to Matthew 27:51
65 *þæt clif:* an erasure follows *þæt* (*sæ?*)
66 *hi̲t: he* A
67 *deaðe:* one could emend to *deade,* reading '... because she previously bound dead ones and held them in her,' instead of '... because she previously bound them in death.'
74 *don:* Sisam 1976 suggested *don* is possibly from *ure*
75 *læraþ:* Sisam 1976 suggested possible *w* is erased after *læraþ*
83 *geopenode: ge* (MS $\bar{g}$) squeezed in; second *o* written above underdotted *e*
90 *<gecynde godcundnesse>*: the Spirit shares in divinity by virtue of his substance and nature; thus either *sped* or *gecynd* fits the context. I have chosen *gecynde* because of

VS' possible confusion with <*bil*>*hwitre gecynde* (l. 88).
93 Supply *bilhwitnesse?*
96-7 *eallum þam:* over erasure (so Sisam 1976)
98 *sendon:* Kentish for *s(i/y)ndon*
101 *Sunu:* final *n* erased
103 *geþohtum: geþuhtum* A
105-8 An echo of the Nicene Creed
106 *gecyndelic: gecynde* over erasure. Sisam 1976 suggested original was *acenned*.
107 *Gode:* Sisam 1976 suggested *on* was erased
110 *cunnan: cun* over erasure; first letter is *g*
111-12 The loose construction may result from the author's attempt to translate a Latin absolute introducing the question in his source.
115-16 *ðreo þing fullice:* there is an erasure between *ðreo* and *fullice* over which *þing* is written darker and larger than normal. Even so, there is extra space on the line before and after *þing*. Sisam 1976, able to read *ge* and *ft,* suggested an erased *gesceaft*.
120 *gearlice: a* written above line
122 *hwit:* not really *albus* but rather *refulgens,* as *Beowulf* 1445, 'se hwita helm.' The introduction of the second aspect of fire, heat, is lost.
123 *eorðærn:* Bosworth-Toller 1898 gives 'tomb, sepulchre,' citing *The Descent into Hell* 3, 19; Napier 1906 gave 'cave, tomb'; Stilwell 1947 glossed as 'earthly home.'
124 *legeleohte:* a hapax legomenon. Stilwell 1947 gave 'light of a flame,' following Förster's (1913b) *Flammenlicht*.
136-8 Acts 14:22. The same verse appears without the Latin and with different wording in XIV.30-31.
137 *earfoðnesse: earfodnesse* A
142 *gerynelicra: gesynelicra* A
150 *lufian:* space for two or three letters follows
151 *mid ... habban:* the repetition of *þa lufian* (ll. 149, 150) and *begangan* (l. 150) may have led VS astray. *þa lufian* (*þa* – 'them' or 'then'?) in l. 150 is suspicious, but even more so is the unattested *forwyrdnesse* in l. 151, presumably 'destruction,' formed as *oferhygdnesse* in l. 141. Probably *forwyr<ne>dnesse,* 'continence, restraint' is the correct reading in this passage, which enumerates Christian virtues and practices. *Mildheortnesse* is inserted to complete the phrase *mid mycle*.
157 *ciricean:* second *i* written above line

homily xvii, fols 90v-94v

Variants
None

OE Analogues
Ælfric has a homily for the Purification (CH I, 134-51), and general and specific themes found in XVII appear elsewhere in OE (see, e.g., note to ll. 38-50), but I know of no OE text close enough to be considered an analogue.

Sources
The exposition of Luke 2:22-32 receives wide and varied treatment among Latin authors, but I have found no one treatment close enough to XVII to be considered a source. The prominence given to Simeon in *De purificatione* is present in the earlier, especially Eastern, celebration of the feast, in which the meeting of Christ and Simeon received as much emphasis as the purification of Mary and the blessing of candles.

Bibliography
Szarmach 1978

DE PVRIFICATIONE SANCTA MARIA
Men, sægeð us 7 myngaþ þis halige godspel be þysse arwyrðan tide þe we nu todæge Gode ælmihtigum to lofe 7 to are / wyrðiaþ. Þæt is se feowertiga dæg nu todæg ures Dryhtnes   91r
Hælendes Cristes acennesse. 7 þy dæge þæt his aldoras hine brohton in Hierusalem in þa
5   mæran burg þæt hie hine Gode agefon, swa swa hit awriten is in Dryhtnes naman þæt
æghwylc wæpned[cild]bearn þe wif ærest acynde sceolde beon ærest Gode gehalgod. 7
þa cwomon Dryhtnes aldoras to ðam Godes temple 7 hie ðær Gode ælmihtigum asægdnesse
brohton, swa hit be þan awriten is in Dryhtnes naman þæt hie sceoldon þær bringan to
þam temple twegen turturas oððe twegen culfran briddas Gode ælmihtigum to lofe 7 to
10 wyrðunge to ðam Godes temple.

Ðær wæs þa sum eald man in Hierusalem in þære byrig in þa ilcan tid se wæs haten Simeon. He wæs soðfæst 7 rihtwis 7 he bead þære frefre þære þe he wiste þæt he his folce gehaten hælde. 7 sc Halga Gast wæs mid þone Simeon 7 he þære 7sware onfeng fram þam Halgan Gaste 7 he him cydde 7 sægde þæt he ne moste deaðes byrigan ær he mid his eagum
15 Dryhten gesege. He ða cwom þurh Haliges Gastes gife in þæt Godes templ on þa ilcan tid þe Cristes aldoras hine þyder brohton. 7 he þa þæt dyde beforan him þone ilcan gewunan þe he ær dyde in þære ealdan æ. 7 þa genam se halga / Simeon þone Hælend on his earmas   91v
7 he hine mid bam handum beclypte 7 he mid eallre modlufan sette to his breostum; 7 he bledsode 7 wuldrade God Fæder ælmihtigne 7 he ðus cwæð: 'Min Dryhten, forlæt þinne
20 þegen in sybbe faran þa æfter þinum wordum swa Ðu him ær gehehtest; forðan, Dryhten, mine eagan gesegon þa hælo þe Ðu gearwadest to onsyne eallra folca 7 to frofre eallum þeodum 7 to wuldre þines folces Israhela bearnum.'

Us is nu to witan<n>e, men, þæt forþan Cristes aldoras þy feowertigan dæge hine brohton to þam Godes temple forþan þe ðæt wæs þeaw 7 Godes bebod. Þæt wæs in þære
25 Godes æ þæt, swa hwylc wif swa bearn cende, þæt heo ne moste in þæt Godes templ ingangan ær ðan feowertigan dæge [wære], ac heo sceolde on þam fæce gebidan to clænsunge hire lichoman. 7 þonne þy feowertigan dæge wære, heo þonne sceolde þæt bearn gebringan to þam Godes temple. Forþan þe ealle wif þe tymende syndon hie sendon on þam bebodu<m> [þe], sancta Maria Cristes moder, forðan seo eadigu cwen sancta Maria, he<o>

clæne abad þæs feowertigan dæges — nalles þæt heo þæs ænige þearfe hæfde þæt heo
swylc wære on clænnesse hire lichaman, se ðe þurh æghwæt mid godcunde gestihtunge 7
mid lifes geearnunge geclænsod wæs 7 þurh Haliges Gastes gife, forðan þe / heo wæs
unmælu 7 clæne butan eallum synnum; 7 heo in clænnesse mægðhade a ðurhwunode 7
Crist acende 7 æfter þære acennesse heo a ðurhwunode in clænnesse mægðhade. 7 heo eac
forþam brohte Crist in þa tid to þam Godes tempel þæt heo wolde þæt þæt word wære
gefylled þe Crist cwæð: 'Ne cwom ic to þam in worulde þæt ic Godes æ towurpe 7 tobræce;
ac ic cwom to þan þæt hie gefylde 7 getrymede.'

Men, us is nu eac to witanne þære burge naman þe is genemned 'Hierusalem,' þæt is
þonne on ure geþeode gereht 'sybbe gesyhðe.' Swa þonne bið symble þam soðfæstum 7
þam Godfyrhtum mannum in sybbe: him bið gegearwad ece lean 7 ece hælo 7 ece gefea 7
ece blis, 7 þam mannum þe mid sybbe 7 mid geleafan 7 mid Godes willan cumað oft to
Godes temple, þæt is þonne to þære halgan Godes cirican. 7 hie sylfe þær Gode ælmihtigum
7 his ðam halgan him sylfum bebeodaþ mid halgum gebedum. 7 hie Godes naman heriað 7
wuldriaþ, 7 hie to him mildheortnesse 7 forgifnesse biddaþ 7 ece reste æfter þysse worulde
7 eac þysse an<d>weardra gesyhðe. 7 hie þurh þæt geearniaþ æt Gode ælmihtigum þæt
hie moton becuman to þære soðan sybbe gesyhðe, ðæt is þonne to ures Dryhtnes Hælendes
Cristes. Forþan, men, us gedafenað þæt we symble in ealle tid rihte lufan 7 sybbe / be-
tweonan us sylfum hæbben we 7 healden þæt in us þurh þæt sy gefylled þæt Dryhten
Sylf cwæð be þam gesybsumum mannum: 'Eadige beoð þa gesybsuman men forþan þe hie
beoð Godes bearn genemde.'

Broðor mine, us is eac to witanne þæt þæt wæs þearfendra manna asægdnesse in þære
ealdan æ þæt hie sceoldon þy dæge bringan twegen turturas oððe twegen culfran briddas
Gode to asægdnesse. Swylce asægdnesse Cristes aldoras hine mid brohton to þam Godes
Temple. In þan wæs getacnod þæt ure Hælenda Crist for ure lufan wæs þearfende in mid-
dangearde þæt he us eac for his mildheortnesse eadige 7 welige 7 mihtige gedyde on his
ðam ecan rice, 7 he for ure lufan astah of heofenum to eorðan. 7 he manige ehtnesse 7
costunge 7 wiðerweardnesse æt mannum gedreah 7 æt nehstan deað geþrowade for ure
lufan 7 for mancynnes lufan þære myclan neodþearfe 7 to þan þæt he us eac alysde fram
ece deaðe, þæt is of hellewite. 7 he us eac forgeaf ece lif 7 ece reste in þære toweardan
worulde, gif we hit mid godum dædum 7 mid ellenworcum æt him geearnian willaþ.

7 þa fugelas þe we ðær ær gehyrdon nemnan, þæt syndon þonne turturas 7 culfran, hie
getacniaþ lifes clænnesse 7 unsceðfulnesse. Swa we sculon eac / beon in urum life clæne 7
unsceðende þæt be us sie rihtlice þæt word gecweden þæt in þam halgan godspelle
awriten is 7 gecweden: 'Eadige bioð þa clænan mildheortan men, forþan þe God gesyhð
heora heortan clænnesse.' Ea<c> we sculon habban mid us Godes soðfæstnesse 7 his riht-
wisnesse 7 eaðmodnesse, swa we ær gehyrdon secgan þæt se eadiga Simeon wæs soðfæst 7
clæne 7 Godfyrht on his life. Soðlice he hæfde lifes clænnesse gehealden ge in wordum ge
in dædum ge in geðohtum 7 eac in gesiehðe, forðan him sægde se Halga Gast þæt he ne
moste deaðes byrian ærþan þe he meahte mid his eagan Dryhten geseon, þone þe ær ealle[s]
Godes witigan toweardne mancynne bodedon 7 mærsedon, 7 þæt openlice sægdon [þæt
he] þurh Haliges Gastes inbyrdnesse þæt he hider cuman wolde to his folce to frofre 7 to
hælo 7 to ecre alysnesse eallum þeodum þam þe soðlice in Gode ælmihtigne gelyfan wolde.

Men, we gehyrdon ær in þyssum halgan godspelle secgan þæt se eadiga Simeon his anes
hælo ne bæd he, ac he bæd ealles folces hælo 7 frofre [7] þa he gebeden hæfde. On ðam
he getacnode þæt we sceoldon beon swylces modes 7 swylces gewittes 7 on swylcre willan
swa we oðrum mannum unnen. 7 we þæt in godum dædum fromigen / þæt we hie þurh
þæt geearnian magon 7 begitan ða ece hælo 7 þæt ece lif, 7 þæt we sculon ...... mid þy

Homily XVII

gewitte 7 mid þy wisdome, þe us God forgeaf 7 forgifen hafað, þæt we magon 7 moton 7 cunnen 7 mid godra bysena dæda 7 mid godra þeawa ...... forðlædan 7 læran þæt we georne to Godes ælmihtiges willan <becumen> 7 to his ðam halgan 7 eac to ure sawle ræde for Gode 7 for worulde .... Healdan we eac þæt mid godum dædum 7 mid æðelum mancystum þæt we beon godum mannum gelice in ðam mægenum þe we don magon 7 in ðam dædum þe we þurhteon magon þæt we þurh ðæt þæs wyrðe syn þæt we Gode ælmihtigne mid godum dædum 7 mid wordum herian 7 wuldrian 7 bletsian. Swa se eadiga Simeon Gode ælmihtigne gebledsode 7 he ðus cwæð: 'Nunc dimittis seruum tuum, Domine, secundum uerbum tuum in pace, quia uiderunt oculi mei salutare tuum, Domine.' He swa cwæð: 'Læt nu, Dryhten, faran in sybbe þine þegnas æfter þinum wordum, swa ðu him ær gehehtest' – efne swa he cwæde: 'Læt me faran of þære tyddernesse þysses men<n>iscan lichaman þe ic nu git on eom. Læt me geendian þis deadlic lif 7 læt me becuman to þam ecan life 7 to þære ecan reste, þe ðu þinum þam gecorenum 7 þam halgum gegearuwad hafast, forðan þe ic þære andsware onfenc þæt ic ne moste deaðes / byrian ær þan ic ðe, Dryhten, min eagum gesege. 7 nu gesegon mine eagan þine hælo ða ðe ðu geearuwadest to leohte 7 to frofre manigum þeodum 7 to wuldre þines folces.' Soðlice ure Hælend is ðæt soðe leoht 7 þæt soðe ece ...... , se ðe inlihteð ælcne mannan ðe in middangeard cymeð. 7 eall mancynn he gebyrhteð 7 inlihteð mid his þrymmes mihte 7 mid his wuldre. Forþan englas hine heredon 7 wuldredon 7 him lof sægdon æt his acennesse 7 ðus cwædon: 'Wuldor si ðe, Gode, in heannesse 7 in eorðan, 7 sib þam mannum þe synd Godes willan wyrcende.' Þa cyrdon þa englas to ure sybbe 7 to ure lufan þa hie gesegon 7 ongeaton ðæt Dryhten Crist wæs gecyrred 7 ymbesald mid mennissce lichoman.

Þonne, men, þeah is swiðe mycel nydþearf þæt we us in æghwylce tide beon wið synnum 7 uncystum gestilde. 7 þeahhwæðre eallra swiðost 7 betst us gedafenaþ þæt we clænlice 7 haliglice lifigen æt Cristes tidum 7 on his þara haligra tid þonne we þæt secgan gehyran, 7 eac ure sawle frætwian mid godum dædum 7 mid halgum gebedum, 7 us eac georne 7 wislice healden þæt us eac nænig synna on us ne mæge findan ne on wordum ne on dædum ne on geþohtum ne on nænigum þingum. Ac æghwylc man hine sylfne healde 7 clænsie in rihtwisnesse 7 in clæn/nesse his lifes þa lytlan hwile þe we her his brucan moton.

Ac utan we nu forþan, broðor mine, herian we urne Dryhten Hælende Crist 7 hine wuldrian 7 wyrðian in halgum wordum 7 in clænum geþohtum 7 in clænum dædum, 7 him þanc secgan eallra his goda 7 his gifena 7 eallra his læna 7 eallra his mildheortnessa ðe he us gedon hafað oððe deð oððe nu gyt forð don wile. Don we him symle þancas of urum spedum forþan þe he us ontynde heofonarices duru þurh his þa halgan acennesse ðe he ða menniscan lichoman onfencg 7 forþam he feala adreah for us 7 he æt neahstan dead geþrowode for mancynnes lufan 7 hælo, 7 þurh þæt he hie alysde of deofles þeowdome 7 of his anwalde. Biddan we nu urne Dryhten ælmihtigne 7 sancta Marian þæt he us forgife for his mildheortnesse 7 for his þa<m> halgan lufan þæt he us þæs wyrðe læte beon þæt we synd gelædde on his þam halgan rice, þær us bið afyrred æghwylc yfel fram æghwylce yrmþo. 7 we þær habbað a soðe sybbe 7 soðe lufan in ecnesse 7 soðne gefean 7 ecne eard 7 ece wuldor mid hine 7 mid his þam halgum a in eallra worulda woruld a butan ende in saecula saeculorum. Amen.

---

1 *title:* square capitals in black. VS has crowded and shortened final A of SANCTA and the whole of MARIA, fitting the title (with St. Mary in the nominative) on one line.
2 *Men:* abbreviated, square capital in black

6 *wæpned[cild]bearn:* Napier 1906 remarked, 'It is, of course, very possible that, in the Ms. from which Verc. has copied, *cild* was glossed by *bearn,* or vice versa, and that the gloss was subsequently taken into the text, thus forming an apparent compound.' *beon: beran* A. Read '... that each male-child that a woman bore first had to be consecrated to God.'

16-17 The implication that Simeon was a priest or some other religious official comes from the apocryphal gospels. Cf. the *Protoevangelium Iacobi,* ch. xxiv (Tischendorf 1853, pp. 48-9) and *Gesta Pilati,* ch. xvi (Tischendorf 1853, pp. 383-4).

25 *bearn: n* over erasure. Sisam 1976 suggested a correction mark above *n* has been erased.

26-30 *wære,* following after *ær ðan feowertigan dæge* in l. 26, shows the influence of the wording in l. 27; Peterson 1951 proposed deletion, here adopted. MS ll. 17-20, fol. 91v, read: ... *forðan þe ealle wif / þe tymende syndon hie sendon on þam bebodu / þe sancta maria cristes moder forðan seo eadigu cwen / sancta maria he clæne abad* .... Construe *forðan seo eadigu cwen sancta maria* as an emphatic insertion: 'Because all women who give birth sent themselves to the temple in accordance with the commandment, St. Mary, the mother of Christ, therefore St. Mary the blessed queen, waited in purity ...' A's *bebodu* for *bebodum* and *he* for *heo* are problems whose solutions are clear enough; presumably *þe* in MS l. 19 is a scribal error. Scribal corruption, suggested by the number of repeated words in this short passage, should not be ruled out.

28 *þam Godes:* an erased *þ* follows *þam*

30 *nalles: es* smudged

36-7 Matthew 5:17

38-50 The gloss *sybbe gesyhðe* (*visio pacis*) for Jerusalem is traditional. In a note (p. 17, n. 4) Förster 1955 assembled the following instances of the OE for *visio pacis:* BH VI, 81; CH II, 60; CH I, 210; *Christ* 50; Aldhelm Gloss I (Napier 1900, p. 47, no. 1748); *Pastoral Care* XXI (Sweet 1871, p. 161, l. 16); *Guthlac* 816.

40 *ece lean: ece* over erasure; original accented *e* visible

43-5 MS ll. 17-20, fol. 92r, suffer from staining, which penetrated through from fol. 92v. Ker 1957 did not list this folio among those damaged. The words affected in this passage are: MS l. 17 (43) *halgum;* 18 (44) *wuldriaþ;* 19 (44) *ece reste æfter;* 20 (45) *gesyhðe.* See note to ll. 58-9 below.

48 Peterson 1951 suggested deletion of *we.*

49-50 Matthew 5:9

53 *asægdnesse: æ sægdnesse* A. Although Bosworth-Toller 1898 records one instance of *sægdnesse* ('offering'), allowing (theoretically) a compound 'law-offering' (cf. 'æriht,' *Elene* 375), the presence of *æ* and *asægdnesse* in ll. 51-2 suggests the likelihood of scribal error.

55 *mildheortnesse: ld* formed from *b* (?)

58-9 MS ll. 17-20, fol. 92v, are stained in part. The words affected are: MS l. 17 (58) *mancynnes;* 18 (58) *us eac;* 19 (59) *hellewite;* 20 (59) *reste in þære.* See note to ll. 43-5 above.

63 *rihtlice:* erasure follows; Sisam 1976 read 7

64-5 Matthew 5:8

69-70 *þone ... mærsedon:* '... the One Whom in the past all God's prophets prophesied and exalted to mankind as the One-to-Come.'

72 *ecre: ælcre* A

75 *gewittes: ittes* over erasure

76 *unnen:* apparently in the sense 'wish well'
77 Either an infinitive with the sense of 'bring it about' is missing, or *geearnian* is to be understood.
79 An object for *mid* is lacking.
80 <*becumen*>: proposed by Peterson 1951
81 A verb is lacking.
87 *þine þegnas:* interpretive plural replacing Latin singular
89 *deadlic: deaðlic* A
91 *deaðes: dea* over erasure
93-4 The homilist links Simeon's *lumen* with John 1:9.
94 The verb *inlihteð* suggests that *leoht* is the missing, or perhaps, understood, noun.
97 *in eorðan:* written over erasure; Sisam 1976 conjectured that original was *þus cwædon*, recopied from l. 96
102 *þara: ra* written above line
114-15 This casual reference to Christ's Harrowing of Hell is quite appropriate in a homily in which Simeon is an important figure. Two sons of Simeon, Karinus and Leucinus, having been raised from the dead by Christ, relate Christ's descent into hell in the *Gospel of Nicodemus.* Simeon himself appears in the account (Tischendorf 1853, p. 392). For the OE version (Cambridge MS) see Hulme 1898, esp. p. 496.

homily xviii, fols 94b-101r

Variants
B   BH XVII, 210-27 (*To Sancte Martines Mæssan,* MS pp. 253-70) [defective in the ending]
C(86)   Junius 86, art. 8, fols. 62r-81r (untitled) [supplies text for the two missing folios of A. The writing in C(86) has faded, and an apparently later hand has retouched the text.]

OE Analogues
Cf. two prose pieces by Ælfric: LS 31, 218-313, and CH II, 498-519.

Sources
XVIII is a free adaptation of Sulpicius Severus' *Vita Sancti Martini* and his *Epistola tertia ad Bassulam.* The OE homilist omits the prologue and chapters 1, 4, 6, 9, 11-13, 18-19, and 21-25 of the *Vita;* he selects episodes judiciously from the remaining chapters. The *Epistola ad Bassulam* is the source for the powerful death scene.

Bibliography
Fontaine 1967-9 [a new ed. of the *Vita* important for the Latin text and the detailed discussion], Hoare 1954 [trans. of the Latin with useful notes], Middleton 1966 [discusses Ælfric's versions of the life of Martin and this anonymous version], Napier 1903-4 [gives textual comments on ABC(86) and establishes that B and C(86) descend from a common exemplar], Peebles 1949 [trans. of the Latin with some notes], Szarmach 1978.

DE SANCTO MARTINO CONFESSORE

Men, magon we nu hwylcumhwego wordum asecgan be þære arwyrðnesse þysse halgan tide 7 be þære arwyrðan gebyrde 7 be <ðon halgan life 7 forðfore> þæs halgan bisceopes, þysses eadigan weres, þe we nu in andweardnesse his tid weorðiað 7 mærsiað, þe Martinus wæs haten. Wæs he Gode swiðe gecoren on his þeawum.

    Wæs he in Pannana þære mægðe in woruld cumen in Arrea ðam tune; wæs he hwæðre in Italia afeded in <Ticinan> þære byrig. Wæs he for worulde swiðe godre gebyrde. Wæron his fæder 7 his modor buta hæðen. Wæs his fæder ærest cyninges þegn 7 þa æt nehstan gebah þæt he wæs tribunus, þæt is ealdurman cyninges þegna. Þa sceolde he sanctus Martinus nyde beon sona on his giogoðhade on geferræddenne cyninges þegna. 7 he wæs on Co<n>stantines dæge 7 þa eft on Iulianus dæge þæs caseres. Nalles þæt he his willan on þam woruldfolgoðe wære, ac he wæs on Godes þeowdome <7> mycle swiðor [7] lufode þonne þa dreamas 7 þa welan þysse worulde.

    7 þa he wæs .x. wintre, þa tihton hine his yldran to woruldfolgoðe. 7 þa fleah he to Godes cirican 7 bæd þæt hine man þær gecristnode — þæt bið sio onginnes 7 se æresta dæl þære halgan fulwihte. 7 þa wæs wundorlice nu on eallum his life on Godes þeowdome gecyrred. / Þa he wæs xv. wintra, þa genyddon hie hine his yldran to þan þæt he sceolde wæpnum onfon 7 on cyninges þegna geferræddenne beon. Ða wæron þreo gear ær his fulwihte þæt he woruldlicu wæpen wæg. 7 he hine hwæðre wið eallum þam healicum synnum geheold, þa ðe woruldmen fremmiað in missenlicum þingum. Hæfde he mycle lufan 7 ealle swetnesse to ælcum men, 7 he wæs geþyldig 7 eadmod 7 gemetfæst on eallum þingum on eallu<m> his life. 7 þeah þe he þa gyt on læwedum hade beon sceolde, [7] hwæðre he to þæs mycle forhæfdnesse hæfde on eallum þingum þæt he munuclif 7 git swiðo<r> lifde þonne sume gehadode men. Wæs he for his arfæstum dædum eallum his

25 geferum leof 7 wyrð 7 ondrysne. 7 hie hine ealle |synderlice mid| lufan lufedon 7 weorðedon.

    7 þeah ðe he þa gyt ne wære fullice æfter cierican endebyrdnesse gefullad — ac he wæs gecristnod, swa ic ær foresægde — hwæðre he þæt geryne þæs halgan fulwihtes mid godum dædum heold 7 lufade. He wolde þam winnendum fultumian 7 earme frefran 7 hingrien-
30 dum mete syllan 7 nacode scrydan. 7 eall ðæt he on his folgoðe begeat, eall þæt he for Gode sealde butan þære dæghwæmlican andlyfne anre þe he nede / onlyfian sceolde. Gemunde he þæt Godes bebod þæt he sylfa on his godspelle bebead. He swa cwæð þæt se Godes man ne sceolde be ðam mergendæge þencan, ðy læs þæt wære þæt he ðurh þæt ænig þara goda forylde þe he ðonne ðy dæge gedon meahte, in weninge hwæðer he eft þæs
35 morgendæges gebidan moste.

    Men, magon we nu þara arfæstra dæda sume asecgan ðe ðes eadiga wer sanctus Martinus dyde. He sona in cnihthade gedyde, þeah þara godra dæda ma wære þonne hit ænig man asecgan mæge. 7 þæt gelamp sume siðe þæt he ferde mid oðrum cyninges þegnum in þa burh þe Ambinensis hatte. Wæs þæt in midda<n> wintra. Wæs se winter þy geare to þæs
40 grim þæt efne manige men wæron þæt heora feorh for cyle gesealdan. Þa sæt þær sum þearfa æt ðam burggeate wel neah ðon 7 se nacoda bæd him þa for Gode hrægles on ælmessan. Þa ferdon hie ealle forð be him 7 heora nænig to him gecyrran nolde ne him ænige are gedon woldon. Þa ongeat he se Godes man þæt Drihten him þone þearfendan man geheold þæt he him miltsian sceolde, þe þara oðera manna nan him arian ne wolde. Nyste þa
45 hwæðre hwæt he him don sceolde forþan þe he nowiht elles hæfde butan his anfealdne / gerelan; ac eall þæt he ma hæfde eall he þæt ær beforan in gelic weorc ateah 7 for Gode sealde. Geteah þa his seax 7 genam his sciccels [þone his lodan] þe he him on hæfde, snað þa þone in tu 7 þa healfne þam þearfan sealde 7 mid healfe hine eft besweop. Þa wæron manige men þe þæt gesawon þæt hie hine on þam tældon 7 besmyredon þæt he swa his
50 anfealdne gyrelan tosniðan sceolde. Sume þonne eft, ða ðe beteran modes wæron 7 ænige lufan to Gode hæfdon, hie sylfe on þon oncuðon þæt hie swa ne dydon 7 wiston þæt hie ma hæfdon þæt hie ægðer ge ðam þearfan hrægl syllan meahton ge hwæðre him sylfum genog habban.

    7 þa wæs in þære æfterfylgendum niht ða þes eadiga wer slepte. 7 þa geseah he Crist
55 sylfne mid þy ilcan hrægle gegyredne þe he ær þam þearfan sealde. 7 þa wæs him beboden geornlice þæt hine Dryhten ongeate 7 þæt hrægl þæt he ær þam þearfan sealde. 7 þa geseah he mycle engla weorod ymbe þane Dryhten standende 7 þa gehyrde hine Dryhten eac mid switolre stefne to englum cweðan: 'Martinus, nu <gen>,' cwæð <he> þus, 'gecristnod ær his fulwihte, he mid þysse hrægle me gegyrede.' Wæs in þære dæde sweotol
60 ðæt ure Dryhten is swiðe gemyndig þæs cwides þe he sylfa ær cwæð: 'Swa / hwæt swa ge hwylcum earmum men to gode gedoþ for minum naman, efne ge þæt me sylfum doð.' He ða wolde þone cwide gefyllan in þære godan dæde 7 hine sylfne geeaðmedde to þæn þæt he wolde in þæs þearfan gierelan ætywan ðam eadigan were sancte Martine. 7 ða se eadiga wer sanctus Martinus ða gesyhðe geseah, þa ne wæs he hwæðre oht ofor þan in oferhygd
65 ahafen, ne in mennisce wuldore, ac he Godes god in þære [ðære] dæde he ongeat.

    Ða he ða hæfde eahtatyne wintra, ða gefullade hine man æfter cirican endebyrdnesse. Wæs he ær beforan þa þreo gear gecristnod, swa ic ær sægde. Ða forlet he ealne þone woruldfolgoð <7 ða> an <gewat> to sancte Ilario þam bisceope þe in Pictauensis þære byrig wæs bisceop. Wæs þæt swiðe foremære man se bisceop 7 his god wæs swiðe gecyðed.
70 7 he þa þysne eadigan wer sancte Martine fulfremedlice in Godes æ 7 in Godes þeowdome getyde 7 gelærde. 7 <to>eac<an> þan þe ðæt eað dæde wæs, þa hine God sylfa swa innan manode. Wæs he swiðe geþungen on his þeawum 7 gestæððig on his wordum 7 hluttor 7

ærfæst 7 clæne on his life 7 gemetfæst 7 mil<d>heort on his dædum 7 geornful 7 biwyrde in Dryhtnes lare 7 on eallum þingum for Gode fulfremed.

7 þa gelamp æfter þan þæt þes eadiga wer / sanctus Martinus sum mynster him getimbrade. 7 he on ðam manigra Godes þeowa gastlice fæder gewearð. 7 þa gelamp sume siðe þæt þær cwom sum gecristnod man to him þæt he wolde mid his lare 7 mid his bysenum beon ontimbred. 7 þa he ða þær wæs wel manige dagas, þa wearð he untrum se man in þære feferadle. 7 þa gelamp in ða tid þæt he sanctus Martinus wæs in sumre fore ealle dogor. Þa he ða eft ham cwom, þa mette he þone man forðferedne þe þær untrum wæs, 7 hine efne swa færlice deað fornam þæt he ungefulwad forðgewat. Da he ða sanctus Martinus þæt geseah þæt þa oðre broðor ealle swa unrote leton ymbe þæt lic 7 hie utan stodon, þa weop he 7 eode to him. Wæs him þæt swiðe mycle weorce þæt he swa ungefullad forðferan sceolde. Getreowde hine ða hwæðre on þone ælmihtigan Gode mid ealle mode 7 on his mildheortnesse. Eode he ða hwæðre in þæt hus þær se lichama inne læg 7 het þa oðre men ealle utgangan. 7 he ða ða duru beleac æfter him 7 he hine þa on gebed astreahte ofer þæs aswoltenes mannes leoma. Da he ða lange hwile swa in þam gebede wæs, ða ongeat he þæt þær wæs godcund mægn 7weard, 7 he þære Dryhtnes mildheortnesse unforhtlice onbad. Þa wæs ymbe hwile, þa gefylde he /

97v

þæt se deada man his leoma ealle astyrodan. 7 his eagan up ahof 7 forðlocode. Da he ða sanctus Martinus ðæt geseah, ða wæs he swiðe gefeonde, 7 ða clypode he hludre stefne 7 ealmihtigum Gode ðære gife ðanc sæde. Þa ðæt ða oðre gebroðran gehyrdan ðe ðær ute wæron, ða eodon hie in to him. Da gesawon hie wundorlice gewyrd: ðane man lyfiende ðane hie ær deadne forleton. 7 hine man ða sona gefullode 7 he fela geara / æfter ðan lifde. Wæs ðis ðæra wundra ærst ðe ðes eadiga wer openlice beforan oðrum mannum geworhte. 7 ða æfter ðisse dæde his nama wæs syððan a wyrð 7 mære geworden, 7 hine eall þæt folc haligne 7 mihtigne ongætan on his dædum.

69v

70r

Swylce eac eft gelamp oðer wundor ðisse anlicnesse. He fyrde sume siþe ðes eadiga wer to anes mannes tune ðe Lupicinus wæs gehaten. Ða gehyrde he ðær on ðan tune mycelne heaf 7 wop 7 manige cleopodan mid miclere stefne. / Þa gestod he 7 acsode hwæt syo clypung wære. Ða sæde him man þæt ðær wære sum man earmlice deað<e> geswolten þæt he hine selfne awyrgde. Ða he ða sanctus Martinus ðæs mannes deað swa earmlic<n>e gehyrde, ða wæs him þæt sona swiðc sar 7 on mycle wyrce. 7 ða eode on ða cyten ðær se lichama inne læg ðæs aswoltenan mannes, 7 het ða oðre mæn ealle ut gangan 7 ða duru betynan 7 hine ðær ða on gebede astreahte. Da he ða hwile on ðon gebede wæs, ða færinge wearð se deada man cwyc 7 eft forðlocode 7 tylode to arisanne. / Ða genam sanctus Martinus hine be his handan 7 up heah arærde 7 hine gelædde forð to ðan cauertune ðæs huses. 7 hine eft ðam mannum halne 7 gesundne ageaf ðe hie ær deadne forleton.

70v

71r

Ðas wundor 7 manig oðer ælmihtig God ðurh ðysne eadigan wer gewrohte ær ðan[ne] <þe> he æfre wære bysceop. Ac syððan he ðan bysceophade onfæng in Turna<n> ðære byrig, nis ænig man þæt ða wundor eall asecge, ða ðe God syððan ðurh hine gewrohte. 7 ðeah ðe he ða maran had hæfde 7 eac for wyrolde ricra beon sceolde ðanne he ær wæs, / ni <h>wæðere he hæfde ða ilcan eadmodnesse an his hyrtan 7 ða ilcan forwyrnednesse on his lichaman, æghwæðer ge on me<te> ge on hrægle ge on æghwilcum ðing<e> efne swa he ær hæfde. 7 he his bysceophad swa gedefelice geheold for Gode swa he hwæðer næfre þæt mægen 7 ða foresetenesse his munuchades anneforlet. Omnes namque unanimi<ter> cupiebant. 7 ealle men, ða ðe feor ge neah ðyses eadigan weres lif cuðan oððe gehyrdan, ealle hie þæt anmodlice wilnodan þæt h<ie> / his word geheran mostan 7 his larum gelyfan, forðan hie swutolice on him ongæton Godes lufe 7 his blisse. Wæs he forðan swiðe

71v

72r

mære geond middangeard

90   his lare lufian forþan he swa cuðe. 7 Godes gife on him wæs 7 his hlisa wæs forð swiðe
mære geond ealne middangeard.
   7 he manig tempel 7 deofulgild gebræc 7 gefylde. 7 he þonne þær asette Godes cirican
oððe fullice þær mynster getimbrade. 7 þæt gelamp sume siðe eac þæt he ongan onbærnan
sum deofolgild þæt mid þam hæðenum mannum swiðe weorð 7 mære wæs. Þa stod þær
95   sum nyttwyrðe hus bi ðam hæðengilde þe he þær bærnan ongan. Þa slog se wind þone lig
on þæt nyttwyrðe hus 7 him þuhte þæt hit eall forbærnan sceolde. Þa he ða sanctus Marti-
nus þæt geseah, þa arn he sona up on þæt hus 7 gestod he <ongean þam lege. Þa gelamp
wundorlic wyrd þæt se leg ongan slean 7 brecan> ongen þam winde 7 efne swa swa se
wind swiðor sloh on þone lig, swa bræc se lig swiðor on ðam winde, efne in þære gelicnesse
100 swa ða gesceafta twa him betweonan feohtan sceoldon. 7 swa wæs þa se lig geþreatod
þurh sancte Martines gebedu þæt he nænigum oðrum þingum ne derede butan þam diofol-
gilde anum þe ðær bærnan ongan.
   Swylce gelamp oðer wundor þyssum onlic. He cwom to sumum <tune> þe Libras wæs
haten. Þa wæs þær sum diofolgild þe ða hæðenan men godgild heton 7 hie hine swiðe
105 weorðedon. Ða wolde sanctus Martinus ælce þinga þæt gild tobrecan 7 gefyllan. Þa wið-
stodon him þa hæðenan men 7 hie / hine mid teonum aweg adrifon. Ða eode he ðærrihte
bii in sume stowe 7 he hine gegyrede mid hærene hrægle, swiðe hearde 7 swiðe unwyn-
some, 7 fæste þry dagas 7 bæd Gode ælmihtigne þæt he þurh his godcunde miht þæt
deofolgild tobræce 7 gefylde, þa he hit for manna teonum gebrecan ne moste. 7 þa cwomon
110 þær semninga twegen englas to him, gescildode 7 gesweordode 7 mid heregeatwum gegyrede
efne swa hie to campe feran sceoldon, 7 cwædon þæt hie God sylfa to him sende þæt hie
sceoldan þæt hæðene werod geflyman 7 him Martine gefultumian þæt h[i]e þæt diofolgild
gebræce 7 gefylde. Þa eodon hie eft to þam tune 7 þæt deofolgild tobræcon 7 gefyldon aa
oð grund 7 þa hæðenan men tolocedon. 7 hie hwæðre wæron mid þy godcundan mægene
115 to þæs swiðe gefyrhte þæt heora nænig him wiðstandan meahte [ne] ne dorste, ac hie ealle
to Dryhtnes geleafan gecyrdon. 7 hie swa cwædon þæt wære soð God, se ðe Martine
hyrde, 7 þæt ða heora hæðenan gild wæron eall idel 7 unnytt 7 þæt hie nowðer ne him
sylfum gehelpan meahton ne æniges þæra gehelpan þe to him ænig are wilnode.
   Swylce eac gelamp sume siðe þær he sum hæðengild gebræc. 7 þa þær gearn mycel /
120 menio to him þæra hæðenra manna 7 ealle swiðe yrre wæron. Ða wæs heora sum reðra 7
hatheortra þonne þa oðre wæron, 7 se ða gebrægd his sweorde 7 mynte hine slean. Þa he
sanctus Martinus þæt geseah, þa dyde he sona þæt hrægel of his sweoran 7 leat forð to
þam men þe hine slean mynte. Ða he ða se hæðena man upprihte mid his handa 7 hine
sclean sceolde, þa feoll he færinga on bæcling 7 nahte he his lichoman geweald, ac he wæs
125 mid godcunde egesan swiðe geþread. 7 he þa him þone eadigan wer sancte Martine forgif-
nesse bæd.
   Swylce wæs eft eac oðer wundor þyssum onlic. 7 þæt gelamp sume siðe þær he sum
deofulgild bræc 7 fylde. Þa brægd þara hæðenra manna sum his seax. Þa se hæðena man
hine stingan wolde, þa nyste he færinga hwær þæt seax cwom þæt he ær on handa hæfde.
130 Gelomlice þæt þonne wæs þær he ða idlan gild bræc, 7 him þa hæðenan men wiþerwearde
wæron þæt he þurh his lare 7 þurh Dryhtnes gife heora heortan to Godes geleafan gecyrde
þæt hie eac sylfe mid heora handum þa idlan gild bræcon 7 fyldon.
   7 he to þæs mihtig wæs þæt he ælce untrumnesse to hælanne 7 to þæs mycle gife he
ðæs æt Gode onfeng þætte / ne wæs ænig man to þæs untrum þe hine gesohte þæt he sona
135 hælo ne onfenge. Ge þæt oft gelamp þonne hwylc man his hrægles dæl to untrumum menn

brohte þæt he þonne þurh þæt wearð hal geworden.

In þyssum he þonne wæs ealles swiðost to herigenne þæt he næfre nænigum woruldricum men ne cyninge sylfum þurh lease olihtunge swiðor onbugan wolde þonne hit riht wære, ac h[i]e a in eallum soð 7 riht don wolde.

Þis is soðlice eadig wer. Ne wæs næfre facen ne inwit in his heortan, ne ænigne unrihtlice demde ne ne witnode, ne he ænigum yfel mid yfele geald. Ne hine ænig man yrne ne gramheortne ne geseah, ac he wæs in anum mode; 7 efne heofonlice blisse 7 gefean man meahte a in his mode geseon 7 on his andwlitan ongitan. 7 ne gehyrde ænig man aht elles of his muðe butan Cristes lof 7 nytte spræce, ne aht elles on his heortan butan arfæstnesse 7 mildheortnesse 7 sybbe 7 eaðmodnesse.

Swylce eac þes eadiga wer sanctus Martinus mycle ær beforan þe he þone dæg wisse his forðsiðe. 7 him Dryhten gecyðed hæfde. 7 he þa his broðrum sægde þæt hit þa æt rihte wære þæt he of þisse worulde sceolde. Ða wiste / he sumne hired on his bisceopscire þa þe 100r ungeþweare 7 ungesybsume him betweonum wæron. Þa ferde he þyder mid his þegnum. Þeah ðe he wiste þæt hit þa æt his deaðdæge wære, þæt he huru wolde þæt hie ealle in sybbe wæron ær he of worulde ferde.

Þa cwomon hie to sumre ea, þa gesawon hie þær wel feala þara fugela þe we 'scealfras' nemnaþ. 7 hie ða fixas uptugon of þære ea, 7 þeah þe heora hwylc þone fisc forswulge, þonne wæs he eft swa gifre swa he ær wæs þæt he oðerne gename. Þa cwæð sanctus Martinus: 'Hwæt! þas wiht habbað deofla onlicnesse, swa se deofol a sætaþ hwær he mæge unware men beswican 7 he næfre to þæs feala beræðeð þæt he æfre ful sie.' Ða bebead sanctus Martinus þam fugelum þæt hie þanon fram þam wætere gewiten 7 on westen 7 drige land sohton. 7 efne on þa gelicnesse swa he þone deoful of stowa gehwylcre geflymde þær he þonne wæs, swa ða fugelas sona ealle ętsomne on weg gewiton þæt heora nan ætstod furðum behindan. 7 hie þæt wundredon þe þæt gesawon 7 his fera wæron þæt ða fugelas sylfe eac sancte Martine gehyrdon.

Ða he [he] hæfde þone hyred gesybbodne þe he / þær to ferde 7 þær well manige dagas 100v <wæs>, 7 þa he ða eft mynte mid his þegnum to his mynstre feran, þa wearð he færinga swiðe mettrum. Þa het he ealle his þegnas him to 7 he him sægde þæt he forðferan sceolde. Þa weopon hie ealle sona 7 sarlice gebærdon for heora hlaforde. 7 hie þus cwædon to him: 'Forhwan forlætest ðu, la, fæder, us nu git? Oððe hwam bebeodest ðu us eac, gif ðu gewitest? Cumaþ rixiende wulfas 7 todrifaþ þine heorde. Hwa forstandeð þonne hie, gif ðu hie ne scyldest? We þæt þonne witan þæt þæt is þines modes willa þæt ðu mote þas woruld forlætan 7 Crist geseon. Ac miltsa ðu þonne hwæðre us 7 gemyne ure þearfe!'

Ða he ða heora spræce þyllice gehyrde 7 he hie ealle wepende geseah, þa weop he sylfa eac 7 his mod wæs swiðe onstyred mid heora wordum 7 mid heora wope, forþan he wæs manna mildheortost. 7 he efne mid wependre stefne þus to Dryhtne cwæð: 'Min Dryhten God ælmihtig, gif ic nu gyt sie þinum folce niðþearflice her in worulde to habbanne, þonne ne wiðsæce ic þam gewinne þæt ic nu gyt mid him sie.' Wæs he to þæs arfæst þæt him wæs ægðer on weorce ge þæt he ða broðor forlete ge huru þon<n>e þæt he leng fram Cristes onsyne wære þæt he ða ne gesawe. /

He ða forðan Drihtnes willa<n> sohte 7 ðus cwæð: 'Min Drihten, lange ic nu wæs on ðan 78r11 heardan campe her on wyrolde, ac ðanne hwæðere ne wiðsace ic ðan þæt ic on ðan campe/ læng sie, gif hit ðin willa swiðor <bið>; ac ic mid ðinum wæpnum getrymed on ðinum 78v feðan fæste stande 7 for ðe campige ða hwile ðe ðin willa bið.' Wæs him æghwæðer ðam eadigan were ge syo Godes lufu to ðæs hat ge to ðæs byrht on his hyortan, ði he for ðan deaðe ne forhtode, ac him ðæs heardost langode hwanne he of ðisse wyrolde moste. 7 him ðanne wæs eac manna lufu to ðæs mycel þæt him nænig gewin her on wyrolde to lang ne to heard ne ðuhte, ðæs ðe hyra saulum to hælo 7 to ræde gewinnan meahte.

Ða wæs he wel manige dagas mid / þam feferadle swiðe gestanden, ac he hwæðere næfre
C 110 Godes wyrces ne blon; ac he hwilum ealle niht ðurhwacode on halgum gebedum. 7 ðeah ðe se lichama wære mid ðære untrumnesse swiðe geswænced, hwæðere his mod wæs a heard 7 gefeonde on Drihten. 7 ðanne he reste, ðanne wæs his seo æðeleste rest on his hæran oððe elcora on nacodre eorð[r]an. Ða bædan hine ða his discipulos þæt hie mostan hwilcehwega uncyme strætnessa him under gedon for his untrumnesse. Ða cwæð he:
C 115 'Bearn, ne biddað ge ðæs; ne gedafenað Cristan men / þæt he elcora <do butan> swa he efne on acsan 7 on duste <licge>. Gif ic eow oðres ðinges b<i>sene onstelle, þanne agylte ic.' 7 a ðæ<r he> læg, a he hæfde his handa upweardes 7 mid his eagnum up to heofonum locode: ðider his modgeðanc aseted wæs. Ða bædan hine ða Godes ðeowas, ða ðe ðider to him coman, þæt hie hine mostan on oðre sidan oncyrran. 7 ða cwæð he to heom: 'Sinite,
C 120 fratres, sinite, celum potius respicere.' 'Forlætað, gebroðra,' he cwæð ða spræce, 'forlætað me heofon swiðor geseon ðanne eorðan þæt minum gaste sio to Drihtne weg / <ðider h>e feran scyl.' Ða he ða ðus spræc, ða geseah he ðane awergedan gast deofol ðær unfeor standan. Ða cwæð he to him: 'Quid adstas, cruenda bestia? Nihil in me, funeste, repperes!' 'Hwæt standest ðu, wælgrim wildeor? Nafast ðu mede aht æt me, ac me scyl Abrahames
C 125 bearm, þæt is seo ece rest, onfon.' Ða he ða ðis cwæð, ða wearð his 7wlita swa bliðelic 7 his mod swa gefeonde þæt hie efne meahtan on ðan gære ongytan þæt he gastlicne gefean geseah 7 þæt hine heofonlic werod gefetode. 7 he ða swa ge/feonde ðas sarlican ...... ofo gelet 7 hine ða ure Dri<hten> to his ðam

heofonlican rice genam.

Hwæt! we nu gehyraþ, men, hu haliglice þes eadiga wer sanctus Martinus his lif for Gode lifde, þa hwile þe he her on worulde wæs, 7 hu fægerum edleanum he þæs æt urum
180 Dryhtne onfeng. And nu, a ða hwile þe þeos world standeð, his god man mærsað geond ealne middangeard in Godes cirican. 7 he nu mid eallum halgum a to widan feore in heofonarice for Dryhtnes onsyne gefyhð 7 blissaþ.

Ac utan we la tilian, men, þæt we þæs halgan weres sanctus Martinus lif 7 his dæda onherien þæs þe ure gemet sie. 7 wuton hine biddan þæt he us sie in heofonum þingere
185 wið urne Dryhten, nu we her on eorðan hine geond middangeard wyrðiaþ. Dryhten us to þam gefultumige, se ðe leofaþ 7 rixaþ aa in eallra worulda world a butan ende. Amen.

---

1 *title:* square capitals in black. XVII ends at fol. 94v, l. 22; VS has elected to write the title of XVIII two lines from the bottom of the page. Conservation of space may have been his goal, but in several other places (fols. 16r, 24v, 29r, and most notably 101r, which is the last page of XVIII) VS leaves blank spaces.

2 Cf. the similar opening in XVI.
Men: M is a square capital in black ink

3 *gebyrde:* Sisam 1976 noted that *g* is formed from *t*, that the first *e* is written over an erasure, and that the space between *ge* and *byrde* shows signs of erasure; she proposed an original *tide*.

<ðon ... forðfore>: supplied from BC(86)

4-5 *þe ... haten:* BC(86) omit, having named the saint in l. 4

6-7 *Pannana ... Arrea ... <Ticinan>:* Hoare 1954 (p. 12) associated Pannonia with modern Hungary, south and west of the Danube. Arrea, for Latin *Sabaria*, is modern Stein-an-

Anger, that is, Szombat-Hely; Ticina is Pavia.
- 7 <*Ticinan*>: supplied from BC(86)
- 8 *buta hæðen:* Peterson 1951 found no such statement in the Latin, but Hoare 1954 and Fontaine 1967-9 construed *gentilibus* to refer to religion, not social class.
- 11 *Co<n>stantines:* supplied from BC(86). The emperor in question is really Constantius II, emperor 337-61, the second son of Constantine the Great. The error is probably authorial, though the faulty expansion of an abbreviation might have combined with a predisposition to name the Anglo-Saxons' favourite emperor. The scribal spelling may reflect the pronunciation of vulgar Latin.
  Iulianus: Iulius B; *Iuliani* C(86)
  his: erasure of *on þa* follows
- 12-13 *ac ... worulde:* Napier 1903-4 cited the A reading as one of numerous errors. A reads better if the *nota* is placed before *mycle* and *þeowdom* is understood as the object of *lufode*. Variants are: *ah he sona on his geogoðe godes ðeowdom miccle swiðor lufode þonne þa idlan þreas þisse worlde* B; *ac he sone on his geogoðe godes ðewdom micle swiðor lufode ðanne ða idlan dreamas ðisse wyrolde* C(86).
- 15-16 *þæt ... fulwihte:* Napier 1903-4 pointed out that the Latin has nothing to correspond to this passage
- 18 *þreo: feower* C(86), probably from a miscount of minims
- 19 *healicum: a* written above line
- 24 *gehadode men: læwedes mannes* BC(86). B and C(86) follow the Latin more literally. The reading in A is an adaptation apparently designed to sting a clerical audience.
- 25 |*synderlice mid*|: *mid synderlice* A
- 27 *fullice:* erased *ge* precedes. Sisam 1976 suggested scribal confusion with *gefullad* in same sentence (just below *fullice* in MS).
- 28 *foresægde:* see XVI.56 for a similar internal reference
- 32-5 The allusion is to Matthew 6:34, 'Nolite ergo soliciti esse in crastinum.' In B and C(86) the insertion *de crastino non cogitare* (where A has *he swa cwæð*) is the first instance of the use of biblical quotations from Sulpicius. This practice sets BC(86) off from A.
- 32 *He swa:* Sisam 1976 suggested alteration from original *Hwa*
- 34 *forylde: forgulde* A; emendation based on BC(86)
- 35 *morgendæges:* erasure precedes (*þ?*)
- 36 *asecgan:* second *a* written above underdotted *e*
- 39 *midda<n>: middum* BC(86)
- 41 *wel neah ðon:* 'quite near to it [the gate].' The proximity of the beggar to the city gate, in full view of all entering the city, makes the uncharitable appear all the more hard-hearted.
- 46 first *eall:* B has *healf* from *eal* altered by superscription. The alteration is a mistake, for the corrector did not realize that here Martin is being praised because he had already given all away, requiring that he now give half his cloak. The corrector probably had the *healf* of l. 48 in mind.
- 47 *his sciccels [þone his lodan]: his sciccels* BC(86). As with XVII.6 it looks as if VS or perhaps an intermediate scribe intergrated a gloss into the text. B and C(86) confirm *his sciccels* as the probably authorial reading, suggesting that *þone his lodan* is the intrusion.
- 58-9 *Martinus ... gegyrede: Martinus nu ðu eart gecristnod ær þinum fulwihte mid þys hrægle þu me gegyredest* B; *Martinus nu ðu eart gecristnod ær his fulwihte mid ðisum*

hrægle ðu me gegyredest C(86); *Mox ad angelorum circumstantium multitudinem audit Iesum clara voce dicentem: 'Martinus adhuc catechumenus hac me veste contexit'* Sulpicius. According to Sulpicius, Martin overhears Christ speaking to his angels. B has Christ speak directly to Martin, as does C(86), which shows some confusion in *ær his fulwihte*. Napier 1903-4 considered A the best reading, but proposed the deletion of *cwæð... þus*. Evidently the homilist attempted to interrupt the direct discourse with a phrase like *cwæð he* (i.e. Christ) *þus*. I have so emended.

58 *<gen>: iu* A. I have emended A's reading as it does not appear to be an acceptable equivalent for *adhuc*, 'still only.'

60-61 Matthew 25:40

62 *þæn:* Sisam 1976 noted an erasure after *n*, which has been rewritten from *t*

64 *ofor: or* over erasure (originally *er?*)

66-74 This passage is the homilist's first major departure from the *Vita*. Omitting chs. 4 and 6 completely, the homilist merely mentions Martin's baptism and his stay with Hilary. The details he has chosen come from the *Vita*, chs. 3 and 5.

66 *eahtatyne:* In reporting Martin's age as 18, the homilist gives evidence that he has probably followed one of the French family of Latin manuscripts of the *Vita*. This family dates from no earlier than the early ninth century. The earliest Latin manuscript, the Verona (517), says that Martin was 22. One manuscript in the Italian family, Fontaine's K, also gives 18, but this manuscript lacks the *Epistola tertia* used by the homilist. The *Book of Armagh*, once considered an important witness to the textual tradition of the *Vita*, makes Martin 25.

68 *<7 ða> an <gewat>: 7 ða gewat* B; *7 ða gewat he* C(86)

69 *7 his god:* written over erasure, the first letter of which is *wynn*; an *s* was also erased (erasure of *wæs swiðe?*). Sisam 1976 conjectured original *wæs þæt*.

71 *<to>eac<an>:* emendation as B

73-4 *7 biwyrde in Dryhtnes lare: 7 be gewyrhtum ymb(e) Drihtnes lare* BC(86). Napier 1903-4 believed that another adjective was to precede *7bi wyrde* (as it is spaced in A). Ruling out *bi wyrde* as a possible adjectival form, he suggested a compound *-wyrde* meaning 'eloquent.' He criticized Morris' translation of B, 'diligent in his works concerning the Lord's lore' (Morris 1874-80, p. 216), because it ignored the Tironian note. Peterson 1951 took *bi wyrde* as a noun, explaining that Martin's name became a byword for his divine love. Stilwell 1947 glossed *biwyrde* as 'learned.'

75 *gelamp:* Sisam 1976 suggested *p* was altered from *b*

77 *cwom: o* written above line

79-80 *ealle dogor: ealle þry dagas* B; *ealle .iii. gær* C(86). Only B correctly follows the Latin.

82 *leton:* Stilwell 1947 gave 'remained'

83-4 *Wæs ... weorce:* Bosworth-Toller 1898 notes the idiom *weorce wesan*, 'to be painful to a person.'

88 *bære: þara* A

C 1 One folio is missing after 97. B and C(86) suggest that the missing leaf would have contained the completion of the story of the resurrected brother as well as these incidents: Martin's raising of a suicide, his elevation to the episcopacy, and his continued virtue in high office. These three incidents are selected from the many contained in chs. 7-13.

C 2 *ðæt: t* written above line by main hand

C 3 *gebroðran: ge* written above line

C 4 *gewyrd: d* written above line and squeezed in by main hand

C 6 *ðæra*: *ðære* C(86)
C 8 *mihtigne*: *g* written above line
C 12 *deað<e>*: emendation based on B
C 14 *7 on*: *on* written above line
C 17 *arisanne*: *ne* inserted below line
C 19 *halne 7*: *7* written above line
C 20 *gewrohte*: *ge* written above line
C 20-21 *ðan[ne] <þe>*: *ðan* with nasal stroke indicating expansion; emendation based on B
C 21 *in Turna<n>*: vertical mark by a corrector separates *in* and *turna* in MS
C 24 *<h>wæðere*: *þehhweþre* B
    ða: *da* (?) C(86)
C 25 *me <te>*: presumed *te* written beyond inside margin into spine
    ðing<e>: faint marks in spine may be remains of final *e;* emendation based on B
C 27 *unanimi<ter>*: presumed *ter* written beyond inside margin into spine
C 28 *lif*: *if* lost in inside margin, but corrector writes *lif* in outside margin of next line
C 29 *h<ie>*: *ie* lost in inside margin
C 30 / 90 C(86) and B here diverge from A, resulting in an awkward merging of texts at this point.
96 *nyttwyrðe*: *n* from *r*?
97-8 *ongean ... brecan*: supplied from B; *ongæn ðam legte ða gelamp wundorlic gewyrd þæt se legt ongan slean 7 brecan* C(86). The presence of *ongean/ongan/ongen* in the exemplar confused VS.
99 *þære*: *þam* A
103 *<tune>*: supplied from BC(86)
    Libras: Lévroux
105 *Ða*: *Da* A
    þinga: *þinge* A
110 *gesweordode*: *gesperode* B; *gespyrode* C(86). The A reading is not an accurate translation of *hastati*; confusion of *wynn* and *p* is apparent.
    heregeatwum: *a* written above line
117-18 In Halm 1866 the Latin reads *quae nec sibi nec aliis adesse possent* (p. 124). In his translation of this passage Peebles 1949 (p. 125, n. 2) notes: 'The reading commonly followed before Da Prato's edition, *sibi adesse non possent*, has been restored. Apparently supported by Babut 229 and Delehaye 55, it has the almost universal support of the MSS., and Da Prato's conjecture, adopted by Halm, was based on a misreading of the old Verona MS. (V), which shows *nec sibi adesse non posset.*' Fontaine 1967-9 (p. 284) follows the reading approved by Peebles. Halm notes two relevant readings from Gregory of Tours' *Historia Francorum:* II.29 'nihil sunt dii quos colitis, qui neque sibi neque aliis potuerunt subvenire'; II.31 'coepit ei insinuare ut ... idola negligeret, quae neque sibi neque aliis processe possent.' If *nec aliis* was not in the manuscript of the *Vita* behind XVIII, then Gregory may have been the source. Possibly the OE homilist has Bede's *Ecclesiastical History* II.13 in mind, where Bede relates the discussion at King Edwin's council at which conversion to Christianity was the main issue.
121 *sweorde*: erasure between *d* and *e*?
123 *his*: written above line
124 *sclean*: written above line. See Sisam 1913, p. 305 ff. on such forms. Sisam 1953 believed that this addition was not by VS; the form *sclean* may be evidence, therefore, that the *Vercelli Book* remained in English use in the eleventh century.

130 *wiþerwearde:* Sisam 1976 read *iþ* from *ea*
133-9 These two paragraphs are the meagre distillation of chs. 16-26 of the *Vita*, which concern Martin's miracles and his relations with political authorities.
135 *ne:* written above line
136 *hal geworden:* the spacing, *halge worden,* indicates VS' slight confusion
140-45 The homilist follows the *Vita* in presenting here this final summary of Martin's virtues. Sulpicius apparently wrote the *Vita* while Martin was still alive. In his life of Martin Ælfric omits this passage, proceeding directly to the *Epistola ad Eusebium* (LS 31, 272ff.).
141 *hine:* Sisam 1976 read *h* from *æn*
yrne: yrre A; emendation following BC(86)
142 *man:* the only rune in the Vercelli prose. There are runic signatures to *Elene* and *The Fates of the Apostles,* and runic *wynn* appears twice in *Elene,* fol. 128v, l. 19 and fol. 131v, l. 9 (Gradon 1958, ll. 788 and 1089).
147 *gecyðed hæfde:* there is a point after *gecyðed,* and *hæfde* is written a little farther into the right margin than usual on this page, as if it were an afterthought.
152-61 This passage derives from the *Epistola ad Bassulam* (Fontaine 1967-9, pp. 336 and 338). The omission of this anecdote from B and C(86) is the major piece of evidence used by Napier 1903-4 to show that B and C(86) come from a common exemplar. Ælfric knows the story (LS 31, 300 and 302; CH II, 516).
152 *þær: þara* A
scealfras: the birds in question appear to be mergansers (*mergus merganser*) rather than loons (*colymbus torquatus*) or grebes (*podiceps cristatus*). Wright 1884 gives *mergus/mergulus/mergula/turdella* as glosses for *scelfor.* On the bottom of fol. 77r in C(86) there is a drawing of a bird that appears to have a crested head. Whether it is meant to represent a *scealfor* is doubtful, since C(86) lacks the incident; the anecdote of the *scealfras* would, however, have begun on fol. 77r if it had been included in the C(86) version.
153 *forswulge: forswul* over an erasure; Sisam 1976 suggested original was *swulge*
155 *se: þe* A; erased *þ* precedes
158 *drige: ðrige* A
160 *furðum: furðun* A
163 <*wæs*>*:* supplied from BC(86)
167 *rixiende: arisende* B; *risende* C(86). Napier 1903-4 considered *risende,* 'rapacious,' the correct reading.
173 *niðþearflic: miðþearflic* A; *neðþearflic* B; *þearflic* C(86)
175 *on:* written above line
ða: written above line
þon<n>e: emendation following C(86)
176 *ða ne:* Napier 1903-4 interpreted: 'should not see it [the vision].' B has the masculine accusative demonstrative pronoun, probably referring to Christ directly, without the necessary negative. Napier construed *ðane* to be in accord with A *ða ne,* but *ðane* is the customary spelling in C(86) for the masc. acc. dem. pron., and the spacing in C(86) does not support Napier's reading.
C 100 A is missing one folio after 100. B is also defective, having lost everything after *wælgrim* [C(86) l. 124]. C(86) is defective in a few places because the parchment has crumbled away; elsewhere it is difficult to read, but almost all of its difficult passages can be restored with the help of B.

Homily XVIII

C 100 *willa<n>*: supplied from B
C 101 *ic ðan ... campe*: this last MS line on fol. 78r is begun well away from the margin and is double-underlined.
C 102 *<bið>*: supplied from B, which reads *bit* with *t* underdotted and *ð* written above line
C 109 *Ða ... mid*: below this last line on fol. 78v is a bird-like head with a rather longish neck (?)
  þam feferadle: originally *þam feðeradle* but *þ* is lost and *þam fefer* is written above line
C 113 *hæran*: *earan* C(86)B; emendation suggested by Förster 1893 (p. 201), followed by Napier 1903-4
  on: *nihte* written above line (by corrector?)
C 115 *<do butan>*: supplied from B
C 116 *<licge>*: supplied from B
  b<i>sene: unclear in C(86)
C 117 *ðæ<r he>*: unclear in C(86)
C 121 *<ðider h>e*: unclear in C(86)
C 122 *spræc*: original *spræc* virtually lost but supplied by corrector
C 123 *bestia*: *uestra* (MS *ūra*) C(86); emendation following B (so Sulpicius)
  funeste: *finiste* C(86); emendation following B (so Sulpicius)
C 124 *wælgrim*: after this word B breaks off
C 127 *heofonlic*: perhaps original *o*; corrector has retouched letter so that it looks like *a*.
  ða: retouched to *ðo*
C 128 *Dri<hten>*: unclear in C(86)
177-8 *genam ... gehyrað*: over erasure. Confirming Maier 1834, Sisam 1976 read original *þes eadiga wer sanctus martinus* (as below in text).
178 *hu*: erased *u* precedes
  lif: written above line
180 *god*: *goð* A
180-81 *geond ealne*: a comma separates these closely written words
184 *þe*: erased *þe* precedes

homily xix, fols 106v-109v

Variants

G   CCCC 162, art. 35, *Feria .ii. in letania maiore*, pp. 403-12
H   CCCC 303, art. 43, *Sermo in letania maiore*, pp. 215-19
P   Cotton Cleopatra B.xiii, art. 6, *Dominica ante rogationum*, fols. 44r-55v [a later redactor conflates Ælfric's version of the story of Jonas, found in his *In letania maiore* (CH I, 244-58), with the account in this Rogationtide homily to form a composite. See ll. 75, 95, 100-11, 122, 129, and 130.]

OE Analogues

XIX.37-9   Kemble 1848, p. 180, and also Hatton 115, art. 37, fol. 155r
     131-3   Fadda IX.1-3
     133-5   Fadda IX.109-12

Sources

XIX.45-6   Caesarius of Arles, *Sermo* 207, *De letania* (Morin 1953, II, 830)
     55-64   ibid., pp. 829-30 and 831

Bibliography

Day 1973 [mentions XIX in the context of Latin and OE traditions of *catechesis*]; Fadda 1977 [see Homily IV; draws on AGHP for an eclectic edition of *In letania maiore*]; Szarmach 1970, 1972 [a comparative discussion of the Jonah passage], and 1978.

Men ða leofestan, us gedafenaþ ærest þæt we gemunen 7 gereccen be Gode ælmihtigum þe geworhte heofonas 7 eorðan 7 ealle gesceafta, <on> þone we sculon gelyfan þrynlicne on hadum 7 anlicne on spede. Oðer is soðlice se had ælmihtiges Fæder, oðer is ælmihtiges Suna, oðer ys ælmihtiges Haliges Gastes; 7 þeahhwæðere we sceolon andettan anne God
5 on mægenþrymme 7 on mihte 7 on godcundnesse forþam se Fæder ys ece God 7 se Sunu is ece God 7 se Haliga Gast ys ece God. Ealle þry, se Fæder 7 se Sunu 7 se Haliga Gast, wæron æfre efenece 7 æfre beoð, 7 hie þry an God syndon. Fram þam <7> þurh þæne 7 on þam syndon geworhte ealle þa þinc þe gesewene syndon 7 ealle þa þe ungesewene syndon. Þa ne mæg nan eorþlic man ealle asecgan.
10 Ærest on frymþe he geworhte heofonas 7 eorðan 7 sæ 7 ealle þa þinc þe on him syndon. 7 ealle þa englas þe on heofonum syndon 7 ealle þa ðe of englum to deoflum forsceapene wurdon, ealle he hie of him sylfum mid his oroðe utableow, 7 þone þe he foremærostne hæfde ofer ealle þa oðre englas, þe Lucifer wæs haten, þæt ys on ure geþeode 'Leohtberend' gereht. Ac he eft þa he hine sylfne his Scyppende gelicne don wolde 7 him þrymsetl on
15 norðdæle heofonarices getimbrian wolde. Of ðam he ricene afeoll, 7 ealle þa ðe æt ðam ræde mid him wæron 7 him æfter besawon, ealle hie wurdon of englum to deoflum forsceapene 7 on helle bescofene. Þær hie on ecnesse witu þoliað forðam þe hie forhogedon hira Scyppend ælmihtigne God.

Syððan he geworhte of eorðan lame þone ærestan man þe æfre wæs, þone he be naman
20 <Adam> nemde, 7 him onbebleow liflicne gast, 7 him ealle eorðan gesceafta on geweald sealde 7 sæs fixas þæt hie him hyrsumian sceoldon. 7 he him eallum naman gesceop, ægðer ge nytenum ge fugelum ge fixum, 7 hie ealle gyt be ðam naman / fram eallum man-   107r
num synt genemnede ðe him Adam æt frymðe gesceop.

7 Dryhten ælmihtig of Adames wynstran sidan genam þæt ribb þe he þæt wif of ge-
25 worhte þe Eua hatte. Of ðam twam þurh Godes mihte is ealles middangeardes folc fram cumen.

7 him God forgeaf þæt hie ealles geweald agan moston þe on eorðan wære butan anes treowes bleda þe is genemned 'Lifes Treow.' Þæt treow ys on middan neorxnawange. Be ðam treowe Crist sylf forewarnode ægðer ge Adam ge Euan, 7 him sæde bam þæt, swa hwylcum dæge swa hie ðæs treowes bleda æton, hie sceoldon forweorðan. 7 hie eac swa dydon. Ac ða se deofol geseah 7 wiste þæt him God swa mycel forgifen hæfde 7 he sylf beswicen wæs 7 þa þe mid him of heofonum gefeollon, þa ðohte he to beswicanne hie eall swa he sylf beswicen wæs. Gehweorrfde hine sylfne þa on anre nædran hiwe 7 hie butu beswac 7 forlærde. Sæde him þæt, swa hwylcum dæge swa hie þæs treowes bleda æton, þæt hie wæron syððan þam gelice þe hie geworhte. Ac hit him wearð biterlice forgolden on hyra life ge eac æfter, ægðer ge him ge eallum mancynne þe him fram cwom oð ures Dryhtnes tocyme. Nigon hund wintra 7 þritig wintra Adam lifde on þysse worulde on geswince 7 on yrmþe 7 syððan to helle for, 7 þær grimme witu þolode fif þusend wintra <7 twa hund wintra> 7 eahta 7 .xx. wintra.

Men þa leofestan, us is nu forþy mycel nydþearf, nu we þus þurh Godes mihte ealle ætgædere syndon, þæt we gecyrren of yfele to gode 7 gehyren mid eallum eaðmettum godcunde lara 7 þam georne fylgen, 7 us æt Gode 7 æt eallum his halgum mihta bidden þy læs us deoflo æfter urum forðsiðe ongeanwurpon þæt we oft ætgædere ealle wæron 7 us beforan halige lara gehyrdon, 7 we na ðe beteran næron ac þe / mættran.

Ac utan us wendan, men þa leofestan, to beterum þingum 7 forlætan eallo yfolo þing 7 don god swa forð swa we fyrmest magon, 7 to Gode 7 to eallum his halegum þæs georne earnian. Us ys georne to witenne 7 to gehlystenne for hwylcum þingum we ðas gangdagas healdað 7 barefote gað þus on geares fyrste þas þry dagas — se feorða is Dryhtne sylfum for his mæran upstige of eorðan to heofonum gehalgod — 7 mid hwylcum þingum we hie healdan sceolon us is georne to witanne.

We hie sceolon healdan on mycelre eadmodnysse 7 on myclum geþylde 7 on soðre lufe 7 on eallre clænnesse lichoman 7 sawle 7 on godum wæccum 7 nytwyrðum 7 on fæstenum 7 on halgum gebedum 7 on ælmesdædum 7 on eallre godnesse 7 on lufe Godes 7 manna. Manegum haligum mannum þas gangdagas syndon wiðmetene, ac us is lang þæt eall to gereccanne. Utan þeah us georne wið deofol scyldan eallum tidum 7 us ongean his yfelan lara Godes mildheortnesse biddan dæges 7 nihtes. Se deofol dæges 7 nihtes winnð ongean us mid his geleafleste. Uton we winnan ongean hine mid geleaffulnesse. He winnð mid ofermodnesse. Uton we ongean mid eaðmodnesse. He us gegearwað galnesse. Uton we ongean clænnesse. He gegripð manfulnesse. Uton we ongean rihtwisnesse. He us onbebringeð yrsunge. Uton we fylgean geþylde. He us onasent gytsunge. Uton we began mildheortnesse. He us myngað to gifernesse. Uton <we> þær ongean gehealdan forhæfednesse, 7 æfre ongean his yfelan willan uton wyrcan Godes willan. Eall<e> we sceolon efestan to Godes templum swa swiðe swa ða bion doð to hira hyfe to þam þæt we magon getreowlice onbyrgean þa swetnesse þæs gastlican huniges of ðam godcundum rædingum.

We gelyfað, men þa leofestan, þæs þe we ræddon on halgum bocum, þæt swa hwa swa on þis<sum> þrim dagum to Godes temple cymð 7 him þær his synna forgifenessa æt Gode bitt mid eallre heortan hyldo 7 mid eallre eadmodnesse, þæt him God þæra synna forgifenessa sylle þe he ær / on twelfmonðum gedyde. 7 hit is eac awriten þæt nan mann hine ne sceal georwenan þæt him God milt<s>ian nelle, þeah he þusend synna ongean his willan geworht hæbbe. Þeahhwæðere ne forgifð he hie us butan we þe ricenor him fram gehweorfen. Us syndon syndorlice on ðyssum dagum forbodene — þeah hie on ælcere tide forbodene syn, þeah swiðor on þysse tide — idele spæca 7 tæflunga 7 gebeorscipas 7 þæt nan mann o<n> þyssum dagum blod ne forlæte ne ne geþristlæce ænig man ætes oððe wætes to onbyrigenne ær þære nigoðan tide 7 ær he mæssan hæbbe gehyred, 7 barefotum

Cristes bec 7 his rode tacna 7 oðre halige reliquias eadmodlice gegret hæbbe. Ælcum ge geongum ge ealdum þis fæsten is beboden þæt hie hyt sceolon healice healdan 7 hyt þe ma to abrecenne nagon þe ðæt Lencten fæsten. Wite gehwa, swa he geornor sceal Gode þeowgean 7 healic fæstenu fæstan, þæt þe geornor deofol wile gebringan on þam men þæt he hit gehealdan ne mæge. Þy we beodað Godes bebode 7 eallra his haligra þæt nan þara Cristenra manna, þe þis gehyre him beforan rædan oððe elleshwara hit him gereccan, ne geþristlæce he þis fæsten to abrecenne be þam þe he wille him for Gode geborgen habban. Men þa leofestan, uton gemunan þone cwide þæs eadigan apostolys Petris. He cwæð: 'Se deoful us symle ymbeþridað.'

Uton nu gehealdan georne þis fæsten neah þam þe hit awriten is on haligum bocum þæt þa fæston þe þurh þæs witigan lare to Gode gecyrdon 7 þæt fæsten swa fæston swa <he> him wisode se wæs haten Ionas. Be ðam is on bocum awriten þæt God þurh Haligne Gast hine het faran to sumere mærre ceastre seo wæs Niniue haten 7 þær sceolde bodigean Godes bebodu. Ac forþam þe ðæt folc wæs awyrged 7 æbreca, he him swiðe ondred 7 þæder faran ne dorste. Forðam þe God wæs swiðe yrre þære ceasterleode, ða wolde <he> forþi Godes bebodu forfleon. Ac him com to cyððe þæt <he> hie forfleon ne meahte. He þeah on fleame wæs oð he to sæ becwom 7 him þær scip gebohte 7 mid þam scipmannum him þohte ofer sæ to seglgenne. Ac he ne mihte swa he gemynt hæfde Godes willan forfleon. Ac sona swa he wæs in agan on þæt scyp, þa gereste he hine on anum ende. 7 þa sona swa þa menn þe on þam scipe wæron ut on þære sæs dypan gesegled hæfdon, þa onsende God mycelne ren 7 strangne wind 7 grimme yste on þa sæ swa þæt þæt scip ne mihte naþer ne forð swymman ne underbæc for unhyrsumnesse þæs witigan þe Ionas wæs haten. Þa forþam þa ondredon þa scipmen him swiðe þearle; hluton him þa betwynan for hwylces hiera gyltum him swa getimod wære, 7 þa behluton hie hit sona to Iona<m> þam witigan; 7 he his nan þing nyste. Ða wundrodon hie sona þæt se hlyt ofer þone Godes þegn gefeoll; awrehton hine þa of slæpe 7 rehton hit him eall. 7 he þafode þæt hine man wearp ut on þa sæ, þa he ongiten hæfde þæt he nahwar God forfleon meahte. 7 hie him fore gebædon. 7 hine sona an mycel hwæll forswealh, 7 he wæs on him þry dagas 7 .iii. niht 7 syððan, eal swa hit God wolde. Seo sæ þone fisc ferede oð he com to þam ilcan eðle þe he ær on bodian sceolde se witega 7 hine þær ut of him aspaw ofer þære sæstaðe.

7 he ða sona on þreora daga fyrste þurhfor þa mæran 7 þa myclan burh 7 bodode on þære Godes bebodu swa þæt se cyng <mid> þære ceasterware [mid hire] on God gelyfde on eallre heortan. 7 he bebead þæt hie ealle fram þam yldestan oð þone gingestan þreora daga fæsten healdan sceoldon. 7 he aras of his cynesetle 7 him fram his cynereaf of awearp 7 hine mid hæran ymbscrydde 7 to Gode georne cleopode mid eallre þære burhware. 7 he bebead ærest þæt ægðer ge þa menn ge ealle þa nytenu þe hie ahton sceoldon þry dagas 7 þreo niht on an fæstan. 7 hie ða swa dydon. 7 him ða God his mildheortnesse geaf 7 him fram þæt fyrene clyne adyde, þe ofer þa ceastre wæs on þam genipe hangiende, þæt sceolde forniman ealle þa burhware 7 forbærnan binnan feowertigum dagum butan hie to Gode gecyrran woldon. Ac hie dydon swa him to donne wæs: gecyrdon to Gode ælmihtigum, 7 he him sona his mildheortnesse forgeaf, swa he symle deð ælcum þara þe he ongyt þæt him on eallum mode to gecyrreð.

Eac we ræddon on halegum bocum þæt on sumere ceastre þe wæs Uienna haten on þære wæs sum bisceop se wæs nemned Mamertus. Be ðam is awriten þæt ðæt folc þe he bewiste wearð þearle mid færlicum deaðe fornumen. 7 swa mycel wearð seo untrumnes 7 se færlica deað ofer eall þæt folc þe <he> bewiste þæt þe oðre to eorðan bæron þæt sume hie feollon deade ofer þæs deadan byrgenne þe hie þonne byrgdon. 7 sume hamweard be wege forðferdon swa þæt nan þara þe oðerne to eorðan bær ham mid þam life ne com.

Þa bæd se bisceop Mamertus ealle þa bisceopas þe on ðam earde wæron mid wependre stefne þæt hie ealle 7 hira folc þry dagas fæston 7 bædon hira Dryhten þæt hie ealle
125 alysde fram þam myclan 7 þam færlican deaðe. 7 hie ða ealle swa dydon, 7 gesetton þa him betwinan þæt man a syððan sceolde þas þry gangdagas healdan fullice mid fæstenum 7 mid ælmessylenum 7 mid cyricsocnum 7 mid eadmodlicum gange 7 mid reliquiasocnum 7 mid eallum godum weorcum. 7 hie sona æt Gode geearnodon ece hæle 7 þæs færlican deaþes afyrrednesse.
130 Nu we habbað gehyred forhwi þas gangdagas ę̨rest bebodene wæron to gehealdenne. Geceose nu gehwa swa hwæðer swa he wille, swa þæt betere swa þæt mættre. Ne beode we nanum mannum nane niwe bebodu. Do gehwa swa him sylfum for Gode gebeorhlicost þince, gif he hwylcum / bysenum 7 þylcum larum fylgean nelle. Georne we witon þæt Gode licaþ swa man mare for his lufum to gode gedeð, 7 he us gelæt on heofona rices
135 gefean æfter urum forðsiðe, gif we his willan her on worulde oð urne endedæg gewyrcaþ. Þær is ece med 7 þær is lif butan deaðe 7 geogoð butan ylde 7 leoht butan þystrum 7 gefea butan unrotnesse 7 sybb butan ungeþwærnesse 7 orsorhnes butan deaþes ege to lybbenne. 7 þær is ece gesælignesse mid Fæder 7 mid þam Suna 7 mid þam Haligan Gaste a butan ende. Amen.

1

1-9 Förster 1913b attributed this passage to Augustine's *De trinitate*, but, as Peterson 1951 noted, the Latin is 'freely translated at best.' There are echoes of the Athanasian Creed and the Nicene Creed as well as of Colossians 1:16 and the *Symbolum epiphanii*.

1 *Men*: M is a large zoomorphic capital. The text is written around the capital, indicating that the capital was written first. XXI begins with a similar capital. *E* and *n* are square, non-ornamental capitals.

2 <*on*>: supplied from GHP. *on* has been inserted here and 7 in l. 7 on the authority of the variants to aid smoothness, but there is a certain elliptical quality in these customary religious statements. G originally lacked *on* until a corrector inserted it; this original omission links G to A.
þrynlicne: second *n* written above line. Originally G read *þrynlice*, but was altered to *þrynlicne* by superscription.

3 *Oðer is: is* written above line

7 <*7*>: supplied from GHP

10ff. The treatment of the creation and fall of angels and man recalls in a general way the outlines of Christian history found in Wulfstan VI (Bethurum 1957) and in Ælfric's *De initio creature* (CH I, 8-28). XIX shows no verbal echoes of Pirmin's *Scarapsus;* see Day 1973.

10 Cf. Genesis 1:1
Ærest: followed by comma and *y* written above line
on ... heofonas: comma and erasure precede *on; on* to *heof* written over erasure

14 Isaias 14:12-14

15 *Of ðam ... þa ðe*: G has been altered to a reading closer to H than to A. H reads *him se ręd ne geþah ac wearð swiðe biterlice forgoldan him sylifan 7 eallum þam rǽdẹ þe;* the scribe has used underdotting to indicate errors. Originally G read *he of þam ricene afeoll 7 ealle þa,* but *he ... afeoll* has been underlined and the following written above the line: *him se ręd ne geðeag ac werð swyðe biterlice forgolden him sylfan; ealle þa* has been altered to *eallum þam ðe.* See XXI.113 for similar phraseology.

19-20 Genesis 2:7

19-20 A very dark ink blot affects the central portion of fol. 106v, ll. 27-9. The words *man, þe* (l. 27) and *sealde* (l. 28) can be read with some effort, but after *bebleow* the reading is now lost. Maier 1834 was able to read 'on bebleow (*luf* erasum).'
19 *lame:* Sisam 1976 noted *e* written over erasure
20 *<Adam>:* supplied from GHP
20-21 Genesis 1:28
21-3 Genesis 2:19-20
 sæs fixas AP; *sæfixas* G; *sæfisces* H. See ll. 75 and 94 for the alternation between compounds and genitival constructions.
24-5 Genesis 2:21-2
27-30 Genesis 2:16-17 and 2:9
29 *sylf:* Sisam 1976 queried whether erased *e* follows
33-5 Genesis 3:4-5
37-9 Cf. *The Dialogues of Salomon and Saturn* (Kemble 1848, p. 180) from Cotton Vitellius A.xv (middle of 12th century): '(Saturnus) Saga me hu fela wintra leofode Adam on ðissere worulde? (Salomon) Ic ðe secge, he leofode ix hund wintra, and xxx wintra, on geswince and on yrmðe; and syððan to helle ferde, and ðær grimme witu þolode v ðusend wintra and twa hund wintra and viii and xx wintra.' Cf. also MS. Hatton 115, art. 37, fol. 155r (end of 12th century): 'nigen hundred wintre 7 XXX adam liuede on þissere worulde. on geswinche 7 on ermðe 7 soððan to helle for 7 þer grimme wite þolede ...... þusend wintre. 7 twa hund wuintre 7 ehte 7 twenti wintre.' Ker 1957 pointed out that *for* (in the Hatton passage) is above a cancellation of ... *on iswince*. Below the space before *þusend* I read *þreo* (for *fif*).
38 *witu:* written over erasure
39 *<7 twa hund wintra>:* supplied from GHP
47-8 *we ... gað*: G originally read *we þas gangdagas healdon 7 barefote gangene*, but *we ... healdon* has been underlined and the following inserted above the line: *þeos andwyrde tid ys us geset to healdene; to* has also been inserted above the line before *gangene; barefote* has an erasure above *te*. H reads: *þeos andwearde tid is us geset to healdene 7 barefote to gangene*. Original G, then, has been altered to a reading closer to that represented by H. P reads: *we þas gangdas healdan þe nu on þyssere ucon* [sic] *beoð 7 barefote gað*.
50 *us ... witanne:* G, H, and P confirm this reading in A. The clause looks like an awkward (and repetitious) afterthought; but it is apparently a closing plea to understand the significance of the Rogation Days, which is the point of the paragraph. See l. 84 for a similar plea at the beginning of a paragraph.
60 *mildheortnysse:* Sisam 1976 noted *d* erased between *r* and *t*
61 *<we>:* supplied from GP
62 *Eall<e>:* *e* supplied from GHP
63 *bion:* the only *io*-form in XIX-XXI. Scragg 1973 explained the form as an example of VS' mechanical copying habits.
66 *on þis<sum> þrim dagum:* G did read as original A, but *þrim dagum* has been underlined and a comma inserted after *þis*. Above *þrim dagum* a corrector has written *sere andwyrdan tide*. This alteration brings G closer to H, which reads *on þyssere andweardum tide*.
71 *syndorlice on:* Sisam 1976 noted erasure of two letters before *on*
73 *mann:* first word in MS line; *m* written in margin to correct *ann* by insertion
75 *hæbbe:* After this P adds: 'We sceolon eac on þysum þrym dagum swyðe geornlice

began ure haligan gebedu, 7 fyligean urum haligdome ut 7 in, mid clænum geþance, 7 þone Ælmihtigan God mid geornfulnysse biddan ealra ure synna forgyfennyssa, 7 mid ealre heortan hyne lufian 7 herian.' This addition is an expansion of the passage in Ælfric's *In letania maiore* (CH I, p. 246).

77 *nagon:* Peterson 1951 glossed *ne agon* as 'are not permitting.'

82-3 An abbreviated quotation of 1 Peter 5:8, 'Sobrii estote et vigilate, quia adversarius vester diabolus tanquam leo rugiens circuit quarens quem devoret. Also at XIV.8.

83 *ymbeþridað*: Napier 1906 glossed with 'to deliberate about, to think about'; but the Latin in Wright 1884, *circumvenientium* (for *embðrydiendra*), can have the sense 'to surround in a hostile manner,' which certainly fits here.

86 <*he*>: supplied from GHP

86-8 Jonas 1:2

89 <*he*>: supplied from GHP

91-3 Jonas 1:3

90 <*he*>: supplied from GHP

93 This detail has been rearranged. In the biblical account Jonas goes below to sleep after the storm has begun (Jonas 1:5).

93-9 Jonas 1:4-5, 7

95-6 *scip ... underbæc:* the homilist has added this graphic narrative detail

95 *sæ:* after this P adds from Ælfric: 'swa þæt hi wæron orwene heora lifes.'

98 *Iona<m>: m* supplied from GHP

99 The shipmen's wonder is the homilist's addition.

100 In the biblical account Jonas is awakened before the lots are cast (Jonas 1:6).

100-11 *7 he þafode ... fæstan:* the equivalent passage in P has been influenced by Ælfric's *In letania maiore.* In order to facilitate comparison I give here the relevant portion of P, fols. 51v-53r: '7 axodon hine hwæt he wære oððe hu he faran wolde. He cwæð þæt he wære Godes þeow, se þe gesceop heofenas 7 eorðan, sæ 7 land, 7 ealle gesceaftu, 7 þæt he wolde of Godes gesyhðe fleon. Ac he hæfde þa ongyten þæt he nahwar God forfleon [52r] ne mihte. Hi cwædon, "Hu do we embe þe?" He andwerde, "Wurpað me ut oferbord; þonne geswicð þeos gedræcednyss." Hi þa swa dydon 7 him fore gebædon. 7 seo hreohnys wearð þa sona gestilled. 7 hi ofrodon heora lac Gode 7 tugon [MS tungan] þa forð. God þa sona asende ænne mycelne hwæl 7 se forswealh þone witegan 7 he wæs on him þry dagas 7 þreo niht 7 abær hyne to þam ylcan lande þe he ær to faran sceolde 7 hine þar ut aspau ofer þære sæstaðe. Þa com eft Godes word to þam witegan Ionam 7 cwæð, "Aris nu 7 ga to þære mycclan byrig Nini[52v]uen 7 boda swa swa ic þe ær sæde." He ferde 7 bodode 7 sæde þæt heom wæs Godes grama onsigende, gyf hi to Gode bugan noldon. 7 he þa sona on þreora daga fyrste þurhfor þa mæran 7 þa micclan burh Niniuen 7 bodude on þære Godes bebodu swa þæt se cyning mid ealre þære burhware on God gelyfde on eallre heortan. 7 he bebead þæt hi ealle fram þam yldestan oð þone gingestan þreora daga fæsten healdan sceoldon. 7 he aras of his cynesetle 7 him fram his cynereaf awearp 7 hyne mid hæran ymbscrydde to his lice 7 dyde axan uppon his [53r] heafod 7 bebead þæt ælc mann swa don sceolde 7 to Gode georne clypode mid ealre þære burhware. 7 he bead ærost þæt ægðer ge þa menn ge þa sucendan cild ge furðon ealle þa nytenu þe hi ahton sceoldon þry dagas 7 þreo niht on an fæstan.'

100-1 Cf. Jonas 1:12

þæt hine man wearp: G originally read as A, but *wearp* has been erased and *hi* and *wurpon* have been inserted above the line with commas marking the proper places of insertion (after *þæt* and *hine* respectively). H reads *hi hine wurpon,* as does corrected G.

101-2 Jonas 1:15
þa he ... forswealh: original G read: *þa he ongyten hæfde þæt he nahwær god forfleon ne mihte 7 hi him fore gebædon 7 hine sona an micel hwæl forswelg.* But almost all of this passage has been underlined, a *signe de renvoi* added after *gebædon,* and ð added after *forswelg*. These signs are reproduced in the margin, and they surround the following: *god gegearwede þerihtes ænne mycelne hwæl 7 he hine forswælh;* an *r* has been erased after *þe.* H omits *þa ... meahte [mihte* G] and reads: *7 god gegearwode þærrihtes ænne micelne hwæl 7 he hine forswealh.*

101-4 Cf. Jonas 2:1, 11

105-11 The homilist does not mention that the Lord spoke to Jonas a second time. The omission of this detail integrates Jonas' mission to Nineveh with what precedes, fashioning one continuous action out of the two-part action in the biblical account. Cf. Jonas 3:3 and 3:5-7.

106 *se cyng ... [mid hire]:* GH read *se cyng mid þære ceasterware (-waru* H), which is smoother than A.

108 *him:* Sisam 1976 noted erasure of two letters following

112 *7 him fram ... adyde:* originally G read as A, but after *fram, þæt egslice fyr* has been added in the margin and *awende* written above *adyde. fyrene clyne adyde* has been underlined. H reads: *7 him fram þæt egeslice fyr awende.* P reads: *7 him fram þæt fyrenne clyne adyde.*

112 Jonas 3:4. No agent of destruction is specified in the biblical account.

114-15 Jonas 3:10

117-29 Most authorities have attributed the institution of the Rogation Days to Mamertus, Archbishop of Vienne (461-75). Ælfric is aware of this tradition (CH I, 244), but the author of XIX does not completely follow it because he mentions a plague or sickness as the effective cause of the *litaniae* and gives the anecdote concerning the hazards of burying the infected. XI and XII attribute the Rogation Days to St. Peter (XI.4 and XII.10), an association unparalleled in Latin sources. Another divergent tradition names Lazarus, Archbishop of Milan (438-69) as the founder of the custom; see Sassi 1755, I, 118.

117 *Uienna:* i.e. Vienne

118 *ðæt:* Sisam 1976 queried whether erased ð follows

120 *<he>:* supplied from GHP

122 *com:* after this P adds: 'Eac wearð on þære ylcan byrig mycel eorðstyrung 7 feollan cyrcan 7 hus 7 comon wilde bæran 7 wulfas 7 abiton þæs folces mycelne dæl 7 þæs cinges botl wearð mid heofenlicum fyre eall forbærned.' This addition is taken from Ælfric's *In letania maiore* (CH I, 244).

129 *afyrrednysse:* after this P adds: '7 seo gedrecednys þa sona geswac; þe heom onsæt se gewuna nu þæs fæstenes þurhwunað gehwar on geleaffulre gesomnunge.' This passage is taken from Ælfric, *In letania maiore* (CH I, 244).

130 *forhwi þas ... gehealdenne:* originally G read *forhwi þas gangdagas ærest beboden wæron to gehealdenne,* but *þas ... gehealdenne* has been underlined and the following written above: *ðeos halige tid ærest beboden wæs to hældenne.* H reads: *forhwi þeos halige tid ærest beboden wæs to hældenne.* P reads closest to A: *forhwy þas halgan gangdagas ærest bebodene wæron to gehealdene.*

ęrest: perhaps written over erasure

130 *gehealdene:* after this P adds: 'Hi synd gehatene letanię, þæt is on englisc gebeddagas. On þysum dagum we sceolon georne God biddan ure eorðlica wæstma genihtsumnysse 7 us sylfum sybbe 7 gesundfulnysse, 7 þæt gyt mare is, ealra ura synna forgyfennysse.' Cf. Ælfric's *In letania maiore* (CH I, 244).

132 *gebeorhlicost:* Sisam 1976 noted *h* was altered from *g*

134 *gode gedeð... gelæt:* G reads *gode gedeð. God us gelæt,* but the following has been inserted above the line after *gedeð: Swa hit æfre us sylfum selre byð æiþer ge on ðison life 7 huru on þam towerda* (final letter cut off?); this addition is not in the main hand. H reads: *gode gedoð swa hit æfre us silfum selre beoð ægðer ge on ðisum life 7 huru on þam towerdan. God us gelæt.* P reads: *gode deð, swa he us myldera bið 7 us gelæt.*

homily xx, fols 109v-112r

Variants
G CCCC 162, art. 36, *In tertia feria in letania maiore*, pp. 412-22 [supplies the portion of this homily lost because of the leaf missing after fol. 111v]
H CCCC 303, art. 44, *Alius sermo feria .III. in rogationibus*, pp. 219-23

OE Analogues
XX.1 XI.2; XIV.2
   29-45 equivalent to III.99-105 and III.156-72 [see Turville-Petre 1963]
   111-14 XIX.136-9; XXI.203-7

Sources
XX.1 Caesarius of Arles, *Sermo* 207, *De letania* (Morin 1953, II, 828)
   29-34 Isidore of Seville, *De ecclesiasticis officiis* 1.43 (PL 83, 776) and also Rabanus Maurus, *De clericorum institutione* 2.17 (PL 107, 333-4)
   35-45 *Collectio canonum Hibernensium* 12.2 (Wasserschleben 1885) and Alcuin's *Liber de virtutibus et vitiis*, ch. xvii, *De eleemosynis* (PL 101, 626)
   50 through G, l. 33 Alcuin, *Liber de virtutibus et vitiis*, ch. xxvii-xxxv (PL 101, 633-7)

Bibliography
Scragg 1973; Szarmach 1970, 1973 [text of XX with full discussion of variants and sources], 1974 [corrections of 1973 misprints], and 1978; Turville-Petre 1963 [compares III, its variants, an Old Icelandic version, and XX to the literary advantage of the author-compiler of XX]

Menn ða leofestan, þis syndon halige dagas 7 halwendlice 7 urum sawlum læcedomlice, 7 us gedafenaþ þæt we hie wel begangen mid fæstenum 7 mid ælmesdædum 7 mid haligum gebedum 7 mid reliquiasocnum 7 mid urum eadmodlicum gange 7 mid eallre heortan onbryrdnesse. 7 uton lætan ure idelan spræca, ægðer ge þonne we ut ga<n>gen mid haligdome ge þonne we into cyrican gangen, forðam þe þam deofle bið swa leofre swa we seldor on Godes temple cumen. 7 þonne we þærinne beoð, butan tweon, gif we elles hwæt þærinne doð butan þæt þæt us beboden ys on haligum bocum, he us eall ðæt oðer lærð. Selre bið urum gehwylcum þæt we na on cyrecan ne cumen þonne we cumen, gyf we þærinne idele spræca drifan willað 7 idele geþancas þærinne geþencan, forþam þe se deofol æfter urum forðsiðe ealle þa idelan spræca 7 þa dyslican word þe we þærinne gesprecað 7 þa unnyttan geþohtas þe we þærinne geþencaþ: ealle hie eft deoflu æfter urum forðsiðe ongean aweorpaþ, butan we ær geswican willan.

 We ræddon / on haligum bocum þæt sum wæs mære wer on eorðan se wæs Godes witiga 110r þam wæs nama Elias. Be ðam ys awriten on haligum bocum þæt he abæd æt Gode for þæs folces geleafleste, þe he mid wunude, 7 for hira manfullum weorcum þæt hit ne nirnde þrim gearum ne þærtoeacan syx monðum. 7 sona swa he eft geseah 7 ongeat þæt þæt folc to Gode cyrde, he eft hrædlice æt Gode abæd þæt he eft ren ofer eorðan wæstmas sealde 7 he hrædlice tiða wæs.

 Vton us nu ealle þe geornor warnian 7 forlætan urne gedwolan 7 unriht hæmedo 7 ærætas 7 oferdruncennessa 7 hlafordswicunga 7 ofermett 7 andan 7 oferfylle 7 galnesse 7 sceandlicnessa 7 leohtbrædnessa 7 idele spræca 7 ealle unclænnessa 7 ealle yfelo, þe læs us ahwæne God for urum yfelum geearni<n>gum ure eorðan wæstmas fram afyrre 7 us swylce witu on asende þe we aræfnian ne magon. Ac utan symle of eallum þam godum þe

us God her on worulde læne hym þa teoðunga don eadmodlice; þonne tiðaþ us Dryhten
þe rumodlicor þara nigon dæla. 7 utan georne of ðam nigon dælum Godes þearfum ælmes-
san dælan, forþan seo ælmessylen alyst þone synfullan mann fram synnum 7 fram deaþe;
7 swa swa wæter adwæscit fyr, swa adwæscit seo ælmessylen þa synna of manna gehwyl-
cum þe hrumodlice dæleð.

    Fæsten 7 ælmessylen sceolon æghwylcum Cristinum menn ætgædere fyligean, forðam
þæt fæsten ys halig þing. 7 hit is heofonlic weorc. 7 hit is duru ðæs heofonlican rices. 7
hyt ys hiw þære toweardan worulde. 7 se byð Gode geþeodd se ðe hyt haliglice deð. 7 he
byð geelfremed fram middangerde. 7 he byð gastlic geworden. Þurh þæt beoð leahtras
afyllede 7 þæt flæsc byð geeadmett. 7 þurh þæt beoð deofles costunga oferswiðede. 7 hyt
framað swiðe myclum for Gode þam þe hyt willindlice fæst.

    7 seo ælmessylen ys gefyllednes 7 fulfremednes eallra goda. 7 heo ys halig þing 7 heo
geycð þa 7weardan 7 heo gewanaþ synna 7 heo gemænigfylt gear 7 heo geæðelað þæt mod
7 heo tobræt gemæro 7 heo aclænsað eallo þing 7 heo alyst fram / deaþe 7 fram witum. 7
heo geþeodeð þone mann þe hy begæð Godes englum 7 hine ascyreð fram deoflum. 7 heo
ys unoferwinnendlic weall ymb þa sawle. 7 heo framadrifð deoflu 7 englas togelaðað on
fultum. 7 heo þurhfærð þone heofon. 7 heo forestepð þone syllendan on heofonarices
wuldre. 7 heo cnyst heofonarices duru 7 heo aweoð englas ongean. 7 heo tosomne gecigeð
Dryhten ælmihtigne on fultum þam þe hie luflice 7 rumodlice dæleð. Þreo cynn syndon
ælmesdæda: an is lichomlic, þæt man þam wædliendan to gode sylle swa hwæt swa man
mæge: oðer is gastlic, þæt man forgife þam þe oðerum ænig yfel deð eall þæt he him to
wite; þridde is þæt man þa dweliendan on soðfæstnesse weg[ge] gelædde.

    Utan nu, men þa leofestan, georne ægðer began ætgædere ge fæstenu ge ælmysdæda. 7
uton us georne scyldan wið þa ehta heafod[leah]leahtras þe singallice manna sawla wun-
diað 7 God geæbyliað 7 deoflu gegladiað 7 on helle gebringað ælcne þara þe hie oð hira
ytemestan dagas begað.

    Se forma heafodleahtor ys ofermodignes, seo ys gecweden cwen eallra yfela. Þurh ða
feollon englas of heofonum on helle 7 to deoflum gewurdon. 7 heo ys gecweden angin
ælcere synne. Seo byð oft uppasprungen of furhogunge Godes beboda. 7 þonne þæt byð
uppahafen be godum wurcum, þonne se mann wenð 7 teleð hyne sylfne rottran þonne
oðerne. Of þære byð soðlice acenned ælc unhyrsumnes 7 geþristlæcung 7 geflit 7 gedwyld
7 gylp 7 oðere manega yfelu. Ac þas mæg seo soðe eadmodnes ealle oferswiðan.

    Þonne ys se oðer heafodleahter gecweden gifernes, seo ys ungemetigende gewilnung
ægðer ge ætes ge wætes. Þurh þa þa forman magas mennesces cynnes forspildon heofona-
rices gesælignesse 7 wurdon aworpene on þis earmlice lif. On þam byð ælc mann þurh
synne acenned 7 þurh geswync he leofaþ 7 þurh sar he swylt. Seo byð gesewen þrym
gemetum on þam menn rixiende, þæt ys, þonne þæt se man wile ær / rihtre tide hys willon
mete þicgan 7 dryncas drincan 7 mare lufað on ægðerum þara þonne hyt ænig gemet sie.
Of þære bið acenned ungescead bliss 7 sceandlicnes 7 leohtbrædnes 7 idel spræc 7 licho-
man unclænnes 7 unstaðolfæstnes modes 7 druncen<n>es 7 galnes 7 oðere manega yfelo
unatellendlice. 7 þonne mæg seo beon selest oferswiðed þurh fæsteno 7 þurh forhæfednesse.

    Ðonne ys se þridda heafodleahter gecweden forlyr, þæt ys eall lichamlic unclænnes. Of
ðam <byð> acenned modes blindnes 7 eagena unstaðulfæstnes 7 idelne plegan 7 wrænnes
7 eall[um] <un>forhæfdnes 7 hatung Godes beboda 7 gymeleast þæs toweardan lifes 7
oðere manega. Þæt byð ðeahhwæðere oferswiðed þurh soðe lufe 7 þurh gehealdsumnesse
7 þurh gemynd þæs ecan fyres 7 þurh ege Godes 7weardnesse.

    Þonne ys se feorða heafodleahtor gecweden gytsung, seo is swiðlic grædignes ægðer ge
welan to hæbbenne ge to gehealdanne. 7 heo ys witodlice ungefyllendlic cwyld. Eall swa

wæterseoc mann þam wyxt to geiht þurst þæs[t] ðe swiðor þe he swiðor drincð, swa byð se gytsienda man, swa he mare hæfð swa he mare gewilnað. Þære gytsunge cynnreno syndon anda 7 stala 7 sceaðunga 7 mannslihtas 7 leasunga 7 unrihtwise domas 7 soðfæstnesse forhogung 7 oðere manega yfelo. Seo byð soðlice oferswiðed þurh Godes ege 7 þurh soðe lufe 7 þurh mildheortnesse wuruc.

Þonne ys se fifta heafodleahter gecweden yrre. Þurh þæt ne mæg nan mann habban fullþungennesse hys geþeahtes. Of ðam sprytt modes toðundennes 7 saca 7 teonan 7 æbylgð 7 yfelsacung 7 blodes agoten<n>es 7 mannsliht 7 grædignes teonan to wyrcanne. Þæt byð soðlice oferswiðed þurh geðyld 7 þurh þolomodnesse 7 þurh 7gytlic gescead ðe God onasæwð on manna modum.

Þonne ys se syxta heafodleahtor gecweden sleacnes, seo derað þearle foroft þam þe Gode þeowgean willað, forðam þæt mod geondscrið [geond] eallo þing. Þis is se leahtor þe swiðost munecas ut anytt of hyra mynstrum on worulde. 7 hie utawyrpð of hira regullican droht<n>unge on leahtra seaðas. Of þære byð acenned slapolnes 7 sleacnes godes weorces 7 unsta/ðolfæstnes stowe 7 worung of stowe to stowe 7 murcnung 7 idele spræca 7 oðere manega yfelo. Seo byð þeahhwæðere oferswiðed þurh þone bigang þære rædinge 7 ðurh þa singalnesse þæs godan weorces 7 þurh þa gewilnunge þæra meda þære toweardan eadignesse.

111v

Þonne ys se seofeða heafodleahter gecweden unrotnes. Þonne syndon soðlice twa cynnryno unrotnesse, an halwendlic 7 oðer cwylmberendlic. Ðonne witodlice seo unrotnes <is> halwendlic þonne þæs synnfullan mannes mod byð geunrotsud for his synnum. Ðonne is oðer, men ða leofestan, ðysse worulde unrotnes; seo gewyrcð deað þære sawle. 7 heo ne mæg nan þing on godum worcum fromian ac heo gedrefeð þæt mod 7 on orwennesse oft ðæs mannes mod gebrincð. Of þære byð acen<n>ed yfelnes 7 modes angsumnes 7 wacmodnes 7 byternes. On þære ne byþ nan gelustfullung þys 7weardan lifes. Seo byð soðlice oferswiðed of gastlicre blisse 7 of hyhte þæra toweardra goda 7 of haligra gewrita frofre.

Ðonne ys se eahtoða heafodleahter gecweden idel wuldor. Þæt is witodlice idel to wuldrigenne þonne se mann gegyrnð þæt he beo hered on his godum 7 ne sylð Gode nanne wyrðment ne hit ne geteleð to godcundre mihte swa hwætt swa he godes deð. Ac eall swylc he hit of him sylfum hæbbe. Þonne se mann ne mæg nan þing godes habban butan Godes gife, swa swa he sylf his leorningcnihtum sæde: 'Ne mage ge nan þing butan me don,' ðonne soðlice of ðyses leahtres wyrttrum byð acenned boiung 7 gylp 7 æbylð 7 ungeðwærnes 7 gifernes 7 licettung godes wurces. Þonne se mann wyle þæt beo be him gehered þæt he furþon don ne cann, þonne ys þære adle læcedom gemynd þære godcundan godnesse. Þurh ða us synt ealle god forgyfene þe we on þysse worulde syndon gesewene to hæbben<n>e. 7 seo ece soðe lufe þæs sylfan Godes, on þæs lofe we sceolon don swa hwæt swa we on /

þæs lofe we sceolon don swa hwæt swa we on þisse worulde wyrcað, 7 ma we sceolon gewilnian þæt we syn fram Gode gehered on þam dæge þæs ecan edleanes þonne fram ænigum men on þisse drohtnunge þises gewitendlican lifes.

p 419

Ðis syndon, men ða leofestan, þa ehta heafodleahtras mid heora herium þe dæghwamlice ongean mancyn winnað. 7 hi synd swiðe strange deofles cempen ongean mennisc cynn. Þa beoð eaðelice Gode gefultumigendum fram Cristes cempum feohtendum þurh halige mægenu oferswiþed. Seo ofermodignes þurh eadmodnysse 7 seo gyfernyss byð oferswiþed þurh forhæfednysse 7 þæt forlyr þurh clænnysse 7 seo gytsung þurh rumgyfolnysse 7 þæt yrre þurh geþyld 7 seo sleacnys þurh anrædnysse godes weorces 7 seo yfele unrotnys þurh gastlice blisse 7 þæt idele wuldor bið oferswiðed þurh Godes ege þæt se man gewilnige

Homily XX

fram Gode his mede habban, forþi he forliost his mede of Godes healfe, gyf he cepð idelre herunge of mannum.

Þonne is ærest witodlice ælcum menn georne to secenne 7 to smeagenne hwæt si þæs modes mægen. Þæs modes mægen is se gegyrla þæs gecyndes 7 seo arfæstnys þæs lifes 7 þæt gescead þæra þeawa [7 seo arfæstnys] 7 se biggeng þære godcundnysse 7 se wurþmynt þæs mannes 7 seo geearnung þære ecan eadignysse. Þis syndon þa mægenu þæs modes. Þonne syndon þa fyrmestan mægenu 7 þa healicestan dælas þære ecan eadignysse: snoternys 7 rihtwisnes 7 strengð 7 gemetegung. Þonne is seo snoternys gecweden ingehyd swa swa hit mannum geseald is, ægðer ge godcundra þinga ge menniscra. On þam is to ongitenne hwæt þam men si to warnigenne oððe hwæt to donne. 7 þæt is awriten on þam sealme. 'Gecyr fram yfele 7 do god.' Þonne is seo rihtwisnys gecweden þæs modes æðelnys. On þære byð gehealden se biggeng þære godcundnysse 7 þa gerihtu þære mennisclicnysse 7 efnes ealles þæs lifes. Þonne is seo strengð micel miht þæs modes 7 langsumnys 7 þurhwunung on godum weorcum 7 sigor ongean eallra leahtra cynrenu. Þonne is seo gemetegung ealles þæs lifes gemet, þe læs þe ænig man to þearle hwæt lufige oððe on hatunge hæbbe: ac seo besceawode geornfulnyss gemetegað ealle þa missenlicnyssa þises lifes. And witodlice nis nan snoternyss betere þonne seo þe God bið on agiten æfter mennisces modes gemete 7 ondræd bið 7 his towearda dom gelyfed byð. Hwæt is us rihtwislicre þonne we God lufion 7 his bebodu gehealdon, þurh þone, þa we næron, we wæron gesceapene 7 syððan we wæron alysede fram deoflicum þeowdome? Se Drihten us forgeaf ealle þa þing þe we habbað. Hwæt is us bætere toforan ælcere middangeardlicre strengðe þonne we oferswiþon helledeoflu 7 stranglice wiðstandan for Godes naman eallum heora larum 7 ealle wiðerwerde þing þises andweardan middaneardes?

Is us, men ða leofestan, micclum to forewarnigenne 7 to gymenne. Þeah us wel þyses earman gewitendlican lifes welan forwellicien, ægðer ge on golde ge on seolfre ge on fela oðra deorwurðra þinga, þæt we heora swa gyrnon 7 swa lufion þæt hi us æfter urum heonansiðe of þisse worulde to swiðe ne derian ne us on witum ne gebringon. Vton geþencan þæt we nan þæra þinga þe us on þisse worulde forwellicað heonon of þisum life ne lædað, ne goldes ne seolfres ne nanre woruldæhta, buton we hwæt on urum life to gode for Godes lufon gedon 7 þæt þonne for nanum woruldgylpe. Vton us nu ða warnian, men ða leofestan, wið ealle þas foresprecenan word georlnice 7 habban us symble on gemynde hu þa ðe her on worulde ongean Godes willan heora lif lybbað oð heora endedæg: hwilce witu 7 hwilce yrmða 7 hwilce þa ormæte brogan 7 þa egeslican brynas 7 þa unasecgendlican cylas beoð 7 ealle þa earmlican 7 þa unareccendlican yrmða þe him her on worulde beforan arehte wæron, 7 þæra gelyfan noldon; hu earmlice 7 hu egeslice

hie him on helle togenes beoð geearwode, 7 þær þonne æfre on ecnesse witu þoliað.

Hwig nelle we, nu we eaðe magon 7 us God þone fyrst her on worulde forlæten hæfð, Godes willan georne wyrcan 7 to his þam uplican rice onet<t>an. Þær ys ece med 7 þær ys lif butan deaðe 7 þær ys gefea butan unrotnesse 7 þær is leoht butan þystrum 7 ðær is wlite butan awende[n]dnesse. 7 þær is ece blis 7 ece gefea mid þam ecan Fæder 7 mid ðam efenecan Suna 7 mid his þam efenecan Haligan Gaste a butan ende.

1-2 The erasures, spacing, and positioning of letters suggest that some original plan for ornamentation was never carried out. *M, E, N, N, Ð, A* are black, square capitals. Two erased capital *M*'s and one erased capital *E* precede the present opening. *leofestan,*

Homily XX

-wendlice, and 7 us begin their lines at the midpoint, while in the space to their left are one unclear erasure and an erasure of *wendlice 7 urum.*
3 *mid urum:* d of *mid* written above line
5 *we seldor:* we written above line
7 *ðæt:* erased *þæt* precedes
13-18 Cf. James 5:17-18 and 3 Kings 17:1ff.; cf. III.145-58.
14 *Elias:* erased *h* precedes
15 *nirnde:* I retain this odd form. Scragg 1973 believed the form was most likely a scribal error: double negatives such as *ne ni rinde* (presumably *nirnde*) are not used elsewhere in A, nor is the variant *ni* used, and the manuscript spacing is against such an interpretation. No similar negated and metathesized form exists in OE. The very faint mark over *i* may be an accent, but it could also be the beginning of an ascender.
20 *oferdruncennessa:* first *n* written above line
23 *asende:* final *e* altered from *æ* by under- and overdotting
aræfnian: in H *þolian* is written above as a gloss. Ker 1957 believed the OE glosses in H to be by the main hand while the glosses *luxuria* for *forlyr,* and *senne* and *prude* for *hafodleahter* and *ofermodignysse*, are thirteenth-fourteenth-century. The list below contains all the words glossed in H with line numbers keyed to the A text printed here. Glosses *þolian* to *prude* are on p. 220 of H while *luxuria* is on p. 222. The remaining are on p. 221.

23 aræfnian, *þolian*   50 hafodleahter, *senne*
31 geðeodd, *bugon*   50 ofermodignysse, *prude*
32 geelfremed, *gefyrred*   57 forspildan, *luran*
38 geðeodað, *bygd* (sic)   77-8 geþungennysse, *laua* (?)
41 cnyst, *cnoceþ*   78 his geþeahtes, *on his geleafa*
48 geabyliað, *wræðað*   G 8 forlyr, *luxuria*

27-8 Ecclesiasticus 3:29
29-45 For a detailed discussion of the sources see Turville-Petre 1963.
29 *forðam:* erasure precedes
36 *geycð:* g(e) crowded in
45 *soðfæstnesse:* Sisam 1976 indicated *soðf* is over an erasure
48 *hira:* space (an apparent erasure) for three letters follows
50ff. The homilist faithfully follows Alcuin's ordering of the eight capital sins. For a discussion of Alcuin's treatment of the subject see Bloomfield 1952, p. 80. Alcuin's list is Cassianic, and he often uses Cassian's own words.
51 *gecweden:* Sisam 1976 noted possible erasure of one or two letters
63 *unstaðolfæstnes:* unst over erasure
64 *7 þonne:* space (erasure?) for two letters follows 7
forhæfednesse: erased *r* precedes
66 <*byð*>: supplied from GH
modes: mo unclear
67 *eall[um] <un>forhæfednes:* eallum forhæfednes A; emendation based on GH
77 *ne:* written above line
78 *toðundennes:* Sisam 1976 noted that erasure of *se* follows
91 <*is*>: supplied from GH
93 *gewyrcð:* ð crowded in
100 *godcundre:* dc over erasure
103 *wyrttrum:* first *t* written above line

108   A is missing one folio after 111v.
G 2   *gewilnian:* erasure follows; first letter is *þ* written over *e*
G 4   *herium: i* written above line
G 6   *Gode fultumigendum:* originally in G the dative absolute was acceptable, but late in the eleventh century a corrector urged its replacement by inserting *vel ðurh godes fultum* above the phrase. In the twelfth century H's *þurh godes fultum* is established.
      fram: erasure precedes
G 7   *Seo ofermodignes:* written above line
      gyfernyss: erasure (most likely of *e*) follows
G 10 *idele:* final *e* crowded in
G 10-12 *ege ... mannum:* this passage has undergone a major alteration. The portion *ege ... gyf* is written over an erasure, and the writing is somewhat distorted. The portion *cepð ... mannum* is written above *þonne ... ælcum* (l. 13). The rewriting does not appear to be in the main hand. Some of the original writing in G is visible, especially some of the letters for the (apparent) phrase *strengð 7 gemetegung*. Since H reads *þurh gode clænnisse 7 þurh manega oðre mægnu þæt syndon snoternysse 7 rihtwisnesse 7 stræncþ 7 gemetegung* for the equivalent passage, it does appear that original G read as H.
G 13-16 *Þonne ... modes:* this passage is underlined except for *smeagenne ... þæs* in l. 13
G 14 *gegyrla: ge* written above line
G 17 *eadignysse:* erasure of *eall swa we ær sædon* follows, which is a logical change in view of the alteration of ll. 10-12. H retains the clause.
G 18 *gemetegung:* a *punctus versus* with large + over it follows
      ingehyd: original *ingehyld* with *l* underdotted
G 23 *efnes: s* crowded in
G 24 *leahtra:* first *a* altered from *o*
G 26 *geornfulnyss:* final *e* erased
G 27 *betere:* first *e* altered from *æ*
      agiten: a hole affects *a*
G 28 *towearda:* final *n* erased
      byð. Hwæt: a *punctus versus* follows *byð*, as does *men* written above line; but large + is written over both. H reads *men.*
G 30 *Drihten:* written above line
G 31 *is:* written above line
G 32 *deoflu: u* (pointed form) written above underdotted *a*
G 33-4 *middaneardes ... forewarnigenne:* opposite MS line, which reads *-eardes ... forewarni-*, there is the sign ⟨h⟩
G 34 *Is us:* written over erasure
G 35 *forwellicien: forwel* written above line
G 37 *derian: a* altered from *o*
G 37-8 *gebringon ... þe:* opposite this MS line there is the sign +
G 42-3 *hwilce witu: lce* written over erasure, and erasure of three letters follows *witu*
G 43 *hwilce þa ormæte brogan: lce* perhaps written over erasure; *þa* written above line; *ormæte* and *b* of *brogan* perhaps written over erasure
109   A resumes here.
111   *Godes:* Sisam 1976 and Maier 1834 saw erasure of *es* between *god* and *es*

homily xxi, fols 112r-116v

Variants
There are no complete variants of this homily, but the passage in lines 122-96 appears as Vercelli Homily II.1-107, art. 2 of the codex, which occupies fols. 9v-12r (no title). There is no indication that VS was aware of or interested in the parallels between II and XXI. To avoid ambiguous reference in the discussion of this passage in the notes, *I suspend use of the siglum A and refer, as appropriate, to II and XXI.*

OE Analogues
XXI.67-75   Napier 30, 144.29-145.9 [see note to this passage]
     99-121   Napier 30, 145.9-146.8
     122-86   Napier 40, 182.1-188.2 [Förster 1932 gives a limited collation of the four witnesses to this homily and II/XXI]

Sources
XXI.26-37   Cf. Caesarius of Arles, *Sermo* 158, *De eo quod dicitur in evangelio* ... (Morin 1953, II, 647)
     45-65   Paulinus of Aquileia, *Liber exhortationis,* ch. 23 (PL 99, 218-19)
     66-77   Caesarius of Arles, *Sermo* 57, *Admonitio de die iudicii* ... (Morin 1953, I, 252)

Bibliography
McIntosh 1949 [discusses prose and poetic prose with some reference to XXI and other anonymous homilies], Scragg 1977, Szarmach 1970 and 1978, Whitbread 1963 [discusses methods of composition in the anonymous homilies, including Napier 30]

Men ða leofestan, us ys mycel þearf þæt we God lufien of eallre heortan 7 of eallre sawle 7 of eallum mægene 7 syððan ure þa nehstan, þæt syndon ealle Cristene menn. Utan hie lufian eall swa us sylfe.

    Soðlice Dryhten ælmihtig þe eallu þing gesceop ys ure lif 7 ure hælo 7 ure hiht. 7 he is
5 ure gefea 7 he ys ure strengð 7 he ys ure frofer 7 he ys ure alysendnes 7 he ys ure gescyldnes 7 he ys ure onlihting 7 he byð on þære toweardan worulde ure wuldor 7 ure bliss 7 ure sybb 7 urc yrfeweardn<u>es</u> 7 ure ecnes 7 ure lcoht 7 ure beorhtnes 7 ure wlite 7 ure ece rest.

    Uton, men þa leofestan, georne leornian eadmodnesse, þurh þa we magon Gode genealæcan. 7 uton us geeadmedan beforan Gode þæt Godes mægen on us geardige. 7 uton
10 onsceonian ofermodignesse forþan þe hit awriten ys on halgum gewritum þæt God symle þam ofermodigum wiðstent 7 he sylð þam eaðmodu<m> gyfe. 7 warnien þa rican þysse worulde <hie wið> þone cwide þe be him awriten ys, þæt þa rican swa mycle maran witu / þoliað on þære toweardan worulde, gif hie Godes willan her on worulde ne wyrcað, swa   112v
mycle maran genihtsumnesse woruldgestreona <hie> her for þa þearfan habað. 7 warnige
15 ure gehwylc hine 7 georne nu ongyte gehwylc ure hwæt be ðam earmum synfullum ys on Cristes bocum awriten 7 be ðam ofermodigum 7 be ðam gytserum 7 be ðam yfeldemum and be ðam unrihthæmerum 7 be ðam arleasum and be ðam gedweolenum 7 be ðam forligergendrum and be ðam leasfyrhtum 7 be ðam facenfullum 7 be ðam andigum 7 be ðam þe yfel ongean yfel agyldað 7 be ðam þe þearfum ænige teonan gedoð. Butan hie ær hiera
20 endedæge to Gode gecyrron, butan tweon æfter hyra geon<d> [on] siðe hie to hellewitum beoð gelædde 7 þær þonne on ecnesse sceolon mid deof<l>um witu þa grimmestan 7 þa egesfullan þe unasecgendlice syndon þolian.

    Men ða leofestan, hwæt fromaþ ænigum menn þæt he fæste 7 þæt he hyne forhæbbe

fram flæsce 7 fram wine 7 fram oðerum myssenlicum, ægþer ge ætum ge wætum, butan
we swican willan 7 us fram leahtrum 7 fram synnum þe bett forhæbben 7 gehealden?
Uton us æt Gode þa mihta biddan. 7 mænig ys on eorðan we witon, men þa leofestan, swa
earm þæt he wat lyt hwæt he oðerum sylle, þonne he him sylfum næfð butan lytel to
donne. 7 hitt ys þeahhwæðere awriten on Cristes bocum hu he sylf her on worulde lærde
7 sæde be ðære ælmessylene 7 cwæð ðus: 'Brec þinne hlaf þam þearfgendum 7 on þin hus
gelæd þa wædligendan 7 þa widscriðolan.' Ealle he tosomne gecigde, ge þone eadigran ge
þone earmeran, þæt we ealle sceolon ælmessan syllan gelome, ge earm ge eadig, ælc be his
mihtum, 7 sæde eac þæt man mid wæterdrinces sylene mihte him mycele ælmessan gedon,
se ðe wolde ænigum men gesyllan þone rumgyfulan drinc, gyf he hys beðorfte. 7 symle we
sceolon biddan Godes mildheortnesse mid ormættre geomrunge 7 mid syngalum ge/bedum
7 mid rumgyfullum ælmessylenum 7 þæt he us ura synna forgyfenessa do. 7 uton a amang
oðerum godum worcum ælmyssan don, forðam seo ælmessylen alyst þone synfullan mann
fram synnum 7 fram deaðe.

   Men þa leofestan, uton efestan 7 uton gan þurh Godes wegas þæt synt soðlice Godes
wegas: riht geleafa 7 gewiss hiht 7 fulfremed soð lufu 7 þurhwunung on godum dædum 7
godnes 7 anrædnes 7 geþyld 7 liðnes 7 sybb 7 hyrsumnes 7 langsumnes 7 halig ymbhidignes
7 modes bigeng on haligum smeaungum 7 clænnes 7 mildheortnes 7 rihtwisnes 7 Dryhtnes
ege 7 lufu godcundra þinga 7 forhogung hwilwendys wuldres 7 gelustfullung þæs heofon-
lican eðles. On ðam beoð heofonlice god, ða God gegearwað þam þe hine her on worulde
lufiað 7 his willan wyrcað oð hira endedæg.

   Men ða leofestan, uton us nu ymbscrydan 7 gefrætuwian mid godum weorcum 7 mid
mægenum urum sawlum on þyssum 7weardan life, þy læs we beon on ðam toweardan
dome fram Gode 7 fram eallum his haligum werede aworpene 7 deoflum betæhte 7 be-
sencede on hellewitum. Þæt fyrmeste mægen þære sawle ys þæt we lufien urne ecan God
of eallre ure heortan 7 of eallre sawle 7 of eallum mægene 7 þæt we hatien ealle þa þing
þe he ne lufað. Þonne ys þæt oðer mægen þære sawle þæt man fylige geþylde 7 forbuge
ælc unriht yrre. Þonne ys þæt þridde mægen þære sawle þæt man gehealde clænnesse,
ægðer ge lichoman ge sawle 7 forfleo ælce unclænnesse. Þonne ys þæt feorðe mægen þære
sawle þæt man forhycge idel wuldor 7 forseo ealle gewitendlicu þing. Þonne is þæt fifte
mægen þære sawle þæt man bega eaðmodnesse 7 onscunige ofermodignes. Þæt syxte
mægen þære sawle ys þæt man lufie soðfæstnesse 7 forfleo ælce leasunga. Þæt seofoðe
mægen þære sawle ys þæt se man hine for/hæbbe fram yrre 7 fram hatheortnesse. Þæt
eahtoðe mægen ys þære sawle þæt man lufie sybbe 7 onsceonige hatunge. Þæt nigoðe
mægen þære sawle is þæt man forbuge ælce disignesse 7 lufie godcundne wisdom. Þæt
teoðe mægen þære sawle ys þæt man aweg aweorpe of ðam mode ealne þone yflan lust
þæs lichaman flæsces. Þæt endlyfte mægen þære sawle ys þæt man forhycge gytsunge 7
genime wilsume þearflicnesse. Ðonne ys þæt twelfte mægen þære sawle þæt man hæbbe
Godes soðan lufe 7 ure nehstena, 7 na þæt an þæt we lufien þa þe ure frynd synt for Gode
ac eac þæt we for Godes lufe 7 for his ege lufien þa ðe ure fynd syndon for þysse worulde.
Ðys synt þa twelf mægenu. Of ðam beoð ymbscridde eallra rihtwisra manna sawla on
Domesdæge 7 of þam hie scinað beforan Godes gesyhðe.

   Men ða leofestan, þas mægenu we magon begytan gyf we toforan asettaþ ða heofon-
lican þing eallum eorðlicum þingum. Vton eac geþencan georne, men ða leofestan, mid
arfæstum 7 mid wellwillendum mode hu Dryhten ælmihtig þurh eaðmodnesse hyne sylfne
for ure þearfe to men gehywode on þyssum middangearde þurh ða eadigan fæmnan
Marian buta<n> ælces weres geman<an> 7 hu he deað for us onfeng 7 hu he alysde fram
deoflum 7 fram hellewitum mid his deorwyrðan blode 7 hu he nyðerstah to hellwarum 7

us alysde of gomum þæs ecan deaðes 7 hu he ðone deofol on helle mid his wæggesiðum ofþrihte. 7 na þæt an þæt he us þanon alysde, men ða leofestan, ac eac swylce he us behet þa ecan meda þæs heofonlican rices. Uton efstan nu þæt we magon him gewrixl agyldan, on swa myclum swa he us gefultumian wille, ongean ealle þa god þe he us forgifen hæfð. Uton ne agildan yfel ongean his god ac on swa myclum swa we magon, uton hycgan þæt we getreowlice him / hyrsumien swa his willa sie. Uton bringan 7 offrian Dryhtne urum Alysende halige lac, æryst þæt we gehealdon on him rihtne geleafan 7 gewissne hiht 7 fulfremede soðe lufe 7 eaðmodnesse 7 wellwillendnesse 7 geþwærnesse 7 gehealdsumnesse 7 forhæfdnesse 7 geþyld 7 gemetfæstnesse 7 eaðmode mod 7 heriendlice þeawas for Gode 7 for worulde. Ðas gifa 7 þas lac syndon þancwyrðe 7 wellgecweme urum Dryhtne, 7 witodlice gif hie beoð him brohte fram us, hie us myclum fromiað. Ðig we eow biddað 7 myndgiað 7 eac halsiað þurh þone þe us alysde ealle mid his ðam deorwyrðan blode þæt we gehealden ealle ðas foresædan þing on urum mode of eallum urum mihtum.

7 uton ealle geornlicor <don> be urra sawla hælo þonne we ær þyssum dydon. 7 na to þæs hwon ne forgiten we Cristes sylfes bebod. Þurh þæt he us behet heofonaricu, þus cweðende, 'Beoð mildheorte swa swa eower Fæder ys mildheort.' 7 eft he cwæð, 'Eadige beoð þa mildheortan forðam þe begytaþ mildheortnesse.' 7 eft he cwæð, 'Eadige beoð þa clænheortan forðam þe hie geseoð God.' Witodlice we cumað orsorge on Domesdæge toforan Cristes þrymsetle 7 beoð rihtwise þonne on ecum gemynde. 7 we beoð fram him forðgecigede to þam heofonlican gebeorscipe mid þam mærum heahfæderum Abrahame 7 Isace 7 Iacobe 7 eallum haligum werude. He us gegearwað þa heofonlican for ðam eorðlicum 7 þa ecan þing for þam hwilendlicum þingum þysse worulde, gif we ælmyssan don willað on urum life 7 gif we dædbote don willaþ urra misfenga 7 gif we þa hingriendan fedaþ 7 him drinc gesyllað 7 gif þa nacodan be urum mihtum scrydað 7 gif we þa elðeodigan onfoð þonne hie ure bedurfen.

Men þa leofestan, we sceolon ongytan gleawlice on urum mode þæt God gesceop þone fyrmystan mann Adam of eorðan lame þurh his agene mihta 7 we syððan fram him comon. Þi we syndon deadlice men / 7 to duste sceolon on worulde wyrðan wyrmum to æte 7 of eorðan sceolon eft arisan on Domesdæge 7 Dryhtne sylfum eall ætywan þæt we ær dydon. Beoð þonne mid urum sawlum symle ece earme oððe eadige swa hwæðer swa we her on worulde ær urum endedæge geearniað. Nu we sculon efestan, gif we a willað þone uplican eðel secan 7 urum sawlum gebeorgan. We sceolon symle herian heofones God, se us healdeð a wið feonda gehwæne, gif we hine soðfæstlice mid eaðmettum ealling lufiað. Witodlice he sylð þam ece blisse earmum ge eadigum þe hyt geearniað. Þi we eow lærað þæt ge eow wið unrihthæmed georne beorgen 7 ge scyldað eow wið þa bealewan synne 7 wendað eow to beteran cræfte. Oferhygde fleoð 7 unnytt word, æfste 7 andan forðan seo oferhygednesse ys for Gode 7 for worulde eallra cræfta wyrst. Þurh oferhygednesse englas wurdon iu forsceapene to deoflum 7 bescofene eac on hellegrund þær hie sceolon on worulda woruld witu þolian, forðam þe hie forhogedon heofona Wealdend 7 sigora Syllend 7 him sylfum þær rice mynton. Ac him se ræd ne geþah. Ac se stiðmoda Cyning Dryhten ælmihtig awearp of ðam setle þone modigan feond 7 of ðam wuldre eac þæs heofonlican rices ealle þa þe mid him æt ðam ræde wæron. Hie wiston þe geornor witum besette on þære byrnendan helle wið hwæne hie winnan ongunnon. Ac uton beon eaðmode 7 ælmesgeorne 7 wisre on wordum 7 on dædum eac. 7 uton bliðum mode on haligum hige wæccan lufian 7 gebedum fylgian on þisse hwilwendan tide, oftust þeah symle þær we ænlype beon, forþan þæt halige gebed 7 seo hluttre lufu Godes ælmihtiges 7 seo ælmessylen þe man for Gode gedeð 7 eac oðera feala godra weorca geglengaþ 7 gebringað þa soðfæstan sawla on blisse 7 on wuldre on þære uplican eadignesse on þam

120   ytemestan dæge þysses woruldrices, þe Dryhten on demeð æghwylcum menn be his gewyrhtum. /

Men þa leofestan, þæs ðe we geræd habbað 7 geleornod on haligum bocum, se ytemesta dæg þysse worulde byð swiðe egesfullic 7 ondrysenlic eallum gesceaftum. On þam dæge þa hleoðriendan liggeas forbærnað þone blodgemengdan middangeard 7 þonne þe nu ys on
125   myclum gylpe 7 on unnyttre gesyhðe goldes 7 seolfres 7 godewebbes 7 woggestreona. Ac we synt nu þam gelicost fortruwode þe he us na to cume. On ðam dæge þæs myclan domes gewit sunnan leoht 7 monan leoht 7 þa leoht eallra tungla. On ðam dæge Dryhtnes rod byð blode flowende betweox wolcnum. 7 on ðam dæge byð Dryhtnes onsyn swiðe egeslicu 7 ondrysenlicu, <7> on þam hiwe þe he wæs þa hine Iudeas swungon 7 ahengon 7 hyra
130   spatlum him onspiwon. On þam dæge þa synfullan heofað 7 wepað forðan þe hie ær noldan hyra synna betan; ac hie þonne sceolon sarie aswæman 7 on susle afeallan. On ðam dæge feower englas blawað feower byman on feower healfa þysses middangeardes. 7 þonne ealle arisaþ, swa hwæt swa eorðe forswealh 7 fyr forbærnde 7 sæ besencte 7 wildeor fræton 7 fugelas tobæron: eall þæt on ðam dæge arist. On ðam dæge sitt ure Dryhten on
135   his myclan me̩genþrymme 7 his ansyne ætyweð. 7 þonne Iudeas magon geseon þone þe hie ær ahengon 7 cwealdon. 7 se soðfæsta Dema ðonne demeð eallra manna gehwylcum be his agenum gewyrhtum.

Hwæt! la! þæt ys ofer eallu þing to smeagenne þæt þa earman fyrenfullan sceolon sarie aswæman fram ansyne ures Dryhtnes 7 fram his haligra 7 fram þam wuldre heofonarices 7
140   þanon gewiton on þa tregan þære ecan helle. Eala! þæt menn him eallinga ne ondrædað hu ða deoflu him onstælað ealle þa unrihtan weorc þe her geworht beoð beforan þære menegeo þæs myclan domes. Eala! hwæt! men him ne ondrædað þone deofol Antecrist mid hellewitum 7 his yrmðum 7 his ðam sarum suslum þe him beoð to edleane hyra fyrena agolden. Eala! hwæt! we us ne ondrædað þone toweardan ege / þæs Domesdæges. Se ys
145   yrmðe dæg 7 earfoðnessa dæg 7 unrotnesse dæg 7 cyrmes dæg 7 wanunge dæg 7 sares dæg 7 sorge dæg 7 se þystra dæg. On ðam dæge us byð ætywed:

      se gesewena heofon   7 engla þrym
      7 eallwihtna hryre   7 eorðan forwyrd,
      treowleasra gewinn   7 tungla gefeall
150   þunorrada cyrm   7 se ðystra storm,
      <þæra lyfta leoma>   7 þara liga gebrasl
      7 þa grangendan gesceafta   7 þara gasta gefeoht
      7 seo grimme gesyhð   7 þa godcundan mihta
      7 se hata scur   7 hellwarena hream
155   <þæra beorga geberst>   7 þara bymena sang
      7 se brada bryne   7 se bitera dæg
      7 se micla cwyld   7 þara manna <man>
      7 seo sarie sorh   7 þara sawla gedal
      7 se deaðberenda draca   7 deofla forwyrd
160   7 se nearwa seað   7 se swearta deað
      7 se byrnenda grund   7 se blodiga stream
      7 seo mycle fyrhto þara feonda   7 se fyrena ren,
      hæðenra granung   7 hyra heriga fyll,
      heofonwarena me̩nigeo   7 hyra Hlafordes miht
165   7 þæt mycele gemot   <7 seo egesfulle fyrd>
      7 seo reðe rod   7 se rihta dom
      <ure fyrena edwit>   7 þara feonda gestal

7 þa blacan andwlitan   7 þa bifiendan werod
<se forhta cyrm>   7 þara folca wop
7 se scamienda here   <7 se synniga heap,
seo graniende neowelnes>   7 seo byrnende hell
7 þara wyrma gryre.

On þam dæge us byð ælc þylic egesa ætywed. Þær þa fyrenfullan þonne mihton gewiscean þæt hie næfre næron acennede fram hira fæderum 7 modrum oððe ælc hyra to dumbum nytenum gewurdon. Hwæt! him þonne þæt wære leofre þonne eall middangeard mid þam gestreonum þe heofon behwylfeð. La! hwæt! we us ne ondrædað þæt we dæghwamlice geseoð beforan urum eagun ure neahstan sweltan. 7 þonne þa<m> lichoman byþ laðlic leger gegyred <7> innan þære cealdan eorðan gebrosnað 7 þæt læne lic gerotaþ to fulnesse 7 þam wælslitendum wyrmum to æte.

Hwæt! þæt bið þonne sarlic sar 7 earmlic gedal þæs lichoman 7 þære sawle, gif þonne se earma innera mann, þæt is seo werie sawl þe her forwyrht byð 7 agymeleasudu Godes beboda, þæt heo þonne æfter þam gedale aslidan sceole on þa ecan / hellewitu 7 þær mid deoflum drohtnian on morðre 7 on mane, on susle 7 on sare, on wean 7 on wyrmum, betweox deadum 7 deoflum, on bryne 7 on biternesse, 7 on fulnesse 7 on eallum þam witum þe deof<l>um wæs geearwod fram þære <frymþe> þe hie on forwurdon 7 hie sylfe geearnodon.

Ac uton beon gemyndige urra sawla þea<r>fa 7 uton wyrcan god on þam þe we þurhteon magon. 7 uto<n> forlætan morðor 7 man 7 oferhigdo 7 æfsta 7 idelne gylp 7 unrihtwisnessa 7 unrihthæmedo, ærætas 7 ealu galnessa, disignessa 7 gifernessa, gytsunga 7 leasunga, liccettunga 7 talnessa, niðas 7 nearuþancas 7 [gedweoll] <ge>dwollcræftas 7 twyspræcnessa 7 ealle þa þeawas þe deoflu on him astealdon. 7 uton lufian urne Dryhten mid eallum mode 7 mid eallum mægene 7 mid eallre heortan hyldo 7 mid eallre soðfæstnesse. 7 uton lufian ure neahstan þæt syndon ealle Cristene menn swa swa us sylfe. 7 uton beon mildheorte earmum mannum 7 elþeodigum 7 untrumum þæt us ure Dryhten þurh þæt milde wyrðe. 7 þeah ure hwylc wið oðerne agylte oððe on worde oððe o<n> worce, forbere he him bliðlice 7 forgyfe on þysse halgan tide þe læs him þæt yrre God witnie. 7 uto<n> ne georwenan us, þeah we þearle wið God ælmihtigne agylt hæbben, ac uton ælcum timan his ara 7 his miltsa us georne biddan. 7 uton a his willan wyrcan. 7 uton beon soðfæste 7 mildheorte 7 rummode 7 rihtwise 7 ælmesgeorne 7 clænheorte 7 fremfulle 7 Godfyrhte 7 gesybbsume 7 geþwære 7 geþyldige 7 eaðmode 7 þeawfæste 7 gehyrsume ure ælc oðrum on godum þingum. 7 uton habban us symle soðe lufe betweonan. 7 uton efstan to ðam heofonlican rice 7 hit geearnian on urum life, þa hwile þe we her beon moton. Þær is leoht ealles leohtes. Þær is se eca gefea. Þær is seo ece torhtnes eallra engla. Þær is seo swete lufu eallra haligra. Þær is wyrðment 7 ece blis butan ælcum ende. Þær is smyltnes butan genipe. / Þær ys gefea butan unrotnesse. Þær is leoht butan þysstrum. Þær is lif butan deaðe. Þær is geoguð butan ylde. 7 þær is wlite butan awendednesse. 7 þær ys wundorlic beorhtnes leohtre sunna<n> beorhtnes. 7 þær ys ecnes symle wuniende 7 rice butan ende. On þam synt engla weredu 7 rihtwisra togelaðung þær symle wuniendra. Þær hie næfre leofe ne totwæmaþ ne laðe ne gesamniað; ne næfre dæg ne cymeð æfter dæge ne niht æfter nihte. Þær wunia<þ> þa haligan menn him sylfe 7 rihtwise 7 þa unwemman 7 þa godan 7 þa geþwearan 7 þa gecorenan 7 þa fulfremedan 7 þa byliwyttan 7 þa mildheortan 7 þa geþyldigan 7 þa rihtwisan deman 7 þa gesybsuman 7 þa eaðmodan 7 þa facenleasan. Þær heriaþ englas 7 heahenglas þone ecan Dryhten, þone arwurðiað witigan 7 Petrus 7 Paulus 7 ealle haligan, forþam þe he is ece Dryhten 7 gefyllednes 7 fulfremednes eallra

215　haligra, se leofað ⁊ rixaþ mid Fæder ⁊ mid Suna ⁊ mid ðam Haligan Gaste on wuldre ⁊ on wyrðmynde aa butan ende on ecnesse.

1 *Men ða leofestan:* capital *M* is a large zoomorphic capital resembling the opening capital of XIX. Capitals *EN, ÐA,* and *LEO* are smaller than *M* and non-ornamental. Krapp 1932 conjectured that the zoomorphic *M* of XXI was an imitation of the capital of XIX made by a less experienced artist.

1-3 Luke 10:27, 'Diliges Dominum Deum tuum ex toto corde tuo, et ex tota anima tua, et ex omnibus viribus tuis, et ex omni mente tua: et proximum tuum sicut teipsum.' The homilist does not render *ex omni mente tua.* In the whole corpus of his homilies Caesarius quotes this verse only once (*Sermo* 173 [Morin 1953, II, 707-8]), omitting the same phrase in his citation.

2 *eallum:* a small hole affects second *l*

5 *alysendnes:* Peterson 1951 wished to emend to *alysed-* but the spelling in XXI is confirmed by *Dialogues* 59 (Hecht 1900-7, p. 347, l. 14).

fifth (final) *ure:* erasure of dittographic *ure* follows

6-7 *⁊ ure sybb:* written above line

7 *yrfeweardnes: yrfeweardas* XXI. Peterson 1951 proposed this emendation for the slip by VS

10-11 1 Peter 5:5 and James 4:6

11-14 An allusion to the story of Dives and Lazarus, Luke 16:19ff.

19 *ænige: i* written above line

20 *geon<d> [on] siðe: geon on siðe* XXI, with *on* written above line

23 *forhæbbe:* a hole affects *æ*

26-37 The OE seems to be indebted in a general way to two passages from Caesarius of Arles. The passages are in *Sermo* 158 and 199 (Morin 1953, II, 647 and 804). Neither of the Latin excerpts is a direct source for the OE, but taken together as a statement on almsgiving, they say basically the same thing as the OE. Like the OE passage *Sermo* 158 has quotations from Isaias 58:7 and Tobias 4:11 and stresses the idea of *ælc be his mihtum.* The same verse from Isaias appears in *Sermo* 199, which discusses the problem of the poor almsgiver and brings up Matthew 10:42. It is possible that these two similar paragraphs were confused and blended in the mind of the OE author, who finally produced a composite. It is equally possible that the conventional statements assembled in XXI are original in the sense that the OE writer himself extracted them from the Bible.

35 *mid:* erased *r* (?) follows

us: erased descender follows

36 *worcum: worucum* XXI, with *u* under- and overdotted

ælmessylen: final *um* erased

35-7 Cf. II.162-3 and XX.26

42 *lufu:* erasure of perhaps two letters follows

45-65 The passage appears to be an elaboration of Paulinus of Aquileia's *Liber exhortationis,* ch 23 (PL 99, 218-19). Paulinus may not, however, be the ultimate source; the OE list of *twelf mægnu* may be part of a commonplace tradition. The sixth, eighth, eleventh, and twelfth virtues have no equivalent in the Latin while the fourth and tenth, though not close translations like the remaining ones, are basically the same. Minus the four additions, the OE follows the order in Paulinus' exposition, but differs in the

introductory and concluding remarks to the discussion. See X.42-91 for another passage based on the *Liber exhortationis*.
54 *eaðmodnesse ... ofermodignes:* 7 *onscunige ofermodignes* in margin, with *signes de renvoi* to indicate insertion after *eaðmodnesse*
56 *hine for:* Sisam 1976 suggested *hine for* was possibly altered from *for hæbbe*
66-77 This passage is indebted to Caesarius of Arles, *Sermo* 57 (Morin 1953, I, 252). See Szarmach 1970 for discussion.
67-75 Corresponding to the second part of Napier 30, 144.29-145.9, this passage and ll. 99-121, following immediately in Napier 30, have been characterized as 'poetic' by Whitbread 1963. Napier 30, 145.9-14 (XXI.99-102) apparently comes from a five-line fragment of an unrecorded Doomsday poem while Napier 30, 145.33-146.8 (XXI.114-121) is a 'prose dilution' of *An Exhortation to Christian Living* (quoted from Dobbie 1942, p. 67):

... þænne beo þu eadmod   and ælmesgeorn,
  wis on wordum,   and wæccan lufa
  on hyge halgum   on þas hwilwendan tid,
  bliðe mode,   and gebedum filige
  oftost symle   þær þu ana sy.
  Forðan þæt halige gebed   and seo hluttre lufu
  godes and manna   and seo ælmessylen
  and se miccla hopa   to þinum hælende
  þæt he þine synna   adwæscan wylle,
  and eac oþera fela
  godra weorca   glengað and bringað
  þa soðfæstan   sauwle to reste
  on þa uplican   eadignesse.

McIntosh 1949 remarked: 'As it stands this dilution looks like an example of irregular verse, "debased" indeed, but preserving many of the metrical features of the original.' McIntosh used ll. 105ff. (Napier 30, 145.15ff.) to illustrate earlier stylistic habits that were remarkably similar to Wulfstan's. Particularly significant is the succession of two-stress phrases that could have served as the rhythmical inspiration for Wulfstan. See McIntosh 1949, n. 7, n. 29, and pp. 17-18; and Whitbread 1963, pp. 354-6. Whitbread conjectured (p. 363) that *Exhortation* was perhaps composed at Canterbury c. 975 and soon circulated.
76 *agildan:* l erased after first *a*
79 *gehealdsumnesse: sum* written above line
87 Luke 6:36. Alcuin also quotes this verse in his treatment of almsgiving, *Liber de virtutibus et vitiis*, ch. xvii, *De eleemosyna* (PL 101, 625).
88-9 Matthew 5:8
96 *ure:* erasure follows; Sisam 1976 suggested *n*
113 *ealle ... wæron:* see XIX.15-16 for essentially the same phrase
115 *wisre: re* written above line
124 *liggeas: e* written above line
129 <7>: supplied from II
133 *fyr:* erased *b* follows
135 *myclan:* small hole, perhaps caused by erasure, follows. Sisam 1976 quoted Maier's observation '2 litt. erasae' and noted three diagonal dots over the hole.
141 *beoð: beod* XXI

143 *ðam:* erased descender (?) follows. Sisam 1976 suggested an erased correction mark.
144 *agolden:* erased capital *wynn* follows
146 *ðam:* written above line
147 *gesewena: ge* written above line
148 *eallwihtna:* Förster 1932 proposed emendation to *-wihta*
151 <*þæra lyfta leoma*>: supplied from Napier 40; lacking in II
154 *hata:* second *a* written above line
  hellwarena hream: dream XXI, II; *hream* Napier 40. Förster 1932 proposed emendation to *-wara* and pointed out that *dream* is not as good as Napier 40's *hream,* here adopted.
155 <*þæra beorga geberst*>: supplied from Napier 40; lacking in II
157 <*man*>: *dream* XXI; supplied from Napier 40; lacking in II. VS probably made a visual error because of incorrect *dream* (l. 154) and confusion with repetitive *manna man.*
158 *þara: ra* written above line
159 *deaðberenda: dead-* XXI; emendation based on II and Napier 40
160 *swearta:* erased low *s* follows
162 *7 seo ... feonda: 7 mycel fionda fyrhto* II; *feonda fyrhto* Napier 40. Förster 1932 proposed to bring II/XXI closer to Napier 40 by deleting *mycel.* The three readings, however, demonstrate the 'prose dilution' of the poetic half-line in its varying stages. See note to ll. 67-75.
164 *heofonwarena:* Förster 1932 proposed emendation to *-wara*
165 *mycele:* Förster 1932 preferred the alliterative *ongristlice* from Napier 40
  <*7 seo egesfulle fyrd*>: supplied from Napier 40; lacking in II
166 *rod: wealdend* Napier 40. Förster 1932 found the Napier 40 reading preferable.
167 <*ure fyrena edwit*>: supplied from Napier 40; lacking in II
168 *werod: word* XXI, II; emendation based on Napier 40
169 <*se forhta cyrm*>: supplied from Napier 40; lacking in II
170 *scamienda:* Förster 1932 proposed Napier 40's *sariga* to replace *scamienda* in the light of the restoration of l. 170b
170-71 <*7 se ... neowelnes*>: supplied from Napier 40; lacking in II
177 *þa*<*m*>: supplied from Napier 40; lacking in II
178 *laðlic: ladlic* XXI; emendation based on II and Napier 40
  <*7*>: supplied from Napier 40; lacking in II
  gebrosnað: gebrosnad XXI; emendation based on variants of Napier 40
182 *aslidan:* comma follows to separate *aslidan* from closely written *sceole*
185 <*frymþe*>: supplied from II and Napier 40
188 *forlætan: a* from *o* (?)
190 *[gedweoll]* <*ge*>*dwollcræftas:* Peterson 1951 thought that the reading in XXI, *gedweoll-dwollcræftas,* might be a compound of *gedweolan* (acc. sg.) and *gedwolcræftas.* It is probably better to see the MS reading as a failure to cancel an error. VS was probably in the process of writing *gedweolan* ('heresies') when he caught the exemplar's reading *gedwollcræftas* ('divinations'). He stopped at *gedweoll* and continued on with *dwollcræftas,* failing, however, to remove his error.
192 first *eallum* (MS *eallū*): erasure of *m* follows
193 *menn:* erased letter precedes (?)
194 first *7:* Sisam 1976 suggested *7* was possibly altered from *g*
203 Cf. similar closings in XIX.136ff. and XX.111ff.
204 *þær: þæs* XXI

homily xxii, fols 116b-120b

Variants
None

OE Analogues
None

Sources
XXII.2-135 Isidore of Seville, *Synonyma* (PL 83, 827-43)

Bibliography
Förster 1913b, pp. 137-48 [prints XXII with Latin text from the 1802 Rome ed. of Isidore's *Opera omnia*, which is similar to PL 83, 827-48]

Her sægð hu sanctus Isodorus spræc be ðære sawle gedale 7 be þæs lichoman. He cwæð:
'Min sawl on nearunesse is geseted, 7 min gast me hatað, 7 min heorte is gedrefedu, 7 mines modes nearunesse me nætt.' 'Eallum yflum ic eom seald,' cwæð seo synfulle sawl, '7 eallre ungesælignesse ic eom bewrigen. Ne mette ic næfre on minum life swa mycles
5 sares ne yfeles gemæccan swa ic me nu ætforan geseo, forðan þe, swa hwyder swa ic fare, min ungesælignesse me færð mid, 7 min yfel ic nahwær befleon ne mæg, þa ic ær ne wolde. Swa hwyder swa ic me hwyrfe, hie me samod siðiað. Eala, þæt ic wæs þæs heardestan geþohtes mann 7 þæs forcuðestan þæt ic me mine dagas to nytte ne gedyde, þa hwile þe ic on worulde wæs. Ac ða þe ic hira willan worhte, / hie willað me nu gesceðdan. Hie   117r
10 sendað hira handa on me þæt hie me mid sare utateon 7 to frecnessum utgelæden. Nænig minum yflum me gefultumað, þa ic sylfa ær ne wolde, ac eallum ic eom læðed, 7 ealle hie me mid searwe 7 mid inwidde onlociaþ.' 'Wala,' cwæð sio synfulle sawl, 'hwam sceal ic gelyfan æfter me, oððe æt hwam sceal ic getreowða habban þa ic mine forleas? Nænig min þæra nehstena getreowne geleafan hafaþ. Eawla! se geleafa is geworden, 7 he is numen, 7
15 he næs naworn gesund.'

'Ongitaþ, mine þa leofestan bearn,' cwæð sanctus Isodorus, '7 æghwylc Cristen mann smeage on him sylfum, hu nearo se siðfæt bið þære synfullan sawle. Forþan ne sceal næfre se Cristena man beon orsorhleas.' Cwæð sanctus Ysodorus: 'Geþence nu ðu, man, 7 ongyt, gif ðu sylf þe nelt alysan, þa hwile þe ðu miht. Hwi wenst ðu þæt oðres gastes hordfæt þe
20 wile alysan, gif ðu sylf nelt?'

'Eawla!' cwæð se halga Isodorus, 'hwæt! þæt is yfelic þeaw 7 synlic þæt nænig þam syngendum wiðcwið ne nænig þam manfullan wreceð. Þa godan wædliaþ on þysse worulde, 7 þa manfullan gehyhtaþ. Þa manfullan wealdaþ nu on heora rice 7 hynað þa godan. Ða unrihtan synt geweorðode nu, 7 þa soðfæstan aweorpene. Þa unrihtan blissiað, 7 þa soð-
25 fæstan synt on gnornunge 7 on heafe. 7 se arleasa gæð nu beforan þam soðfæstan, 7 se yfla wylt þam soðfæstan 7 þam godum. 7 þa unscyldigan beoð witnode, 7 þa scyldigan beoð forlætene. For þyllicum synnum 7 oðrum beoð þa sawla witnode on Godes gesyhðe, 7 hio nat þonne heo synfull bið, mid hwam hio 7swerige. Ac hio swigað forþan þe heo nafaþ nane bylde on hire.'

30 Se halga Isodorus cwæð: 'Eawla! þæt sio sawl hio of ðam lichoman anumen bið. Ealle hie hie swa wundige hyrwað 7 swa fule stincende hie hie onscuniað 7 swa hreofe hie hie ascufað. 7 se lichoma lið on eorðan isne genearwod 7 mid racentunge geðryd / 7 mid   117v
bendum gebunden 7 mid fetrum gefæstnod. 7 þære synfullan sawle ne beoð þa tintrego gelytlode, ac þa cwelleras unoflinnedlice cwelmað 7 hie unaseccgendlice gnornunge <7>

hire wite mænað forþan þe ða deoflu, swa hwæt swa hie magon, wælhreowlices hie þencaþ
be hire 7 doð. 7 þusendfealdum witum hie hie tintregiað 7 slitað. 7 se lichoma on eorðan
fulnessum tofloweð, þe we ær mid wistum feddon.'

'Eawla!' cwæð se halga Ysodorus, 'þonne gyt geomrað seo sawl þe hire lif ær on rece-
leaste lifde 7 cwið: "Wala! þæt ic æfre swa ungesæligo geboren sceolde weorðan 7 þæt ic
swa earm middangeardes leoht geseon sceolde! Wala! þæt ic swa lange on minum lichaman
eardigan sceolde, þa he me reste geearnigan ne wolde! Unlust me wæs to lifianne 7 walic to
sweltanne. Eawla deað! swete eart ðu þam earmum 7 þam wædliendum, 7 wunsum eart
ðu þam unrotum 7 þam gnorniendum; 7 biter eart ðu ðam weligum þisse worulde, forþan
hie forlætan sceolon hira blissa 7 onfoð unrotnessa. [þe] Se de<a>ð ælces yfeles 7 eges
<ende is>."

'Selre bið men þæt he swelte þonne he yfele lybbe mid synnum 7 on Godes unwillan
sy 7 ungesæliglice drohtiende, forþan þe seo synfulle sawl cwið to ðam deoflum þonne hie
hie tintregiaþ: "Ic eow bidde, arisað minum sare to fultumme 7 alysað me of þyssum
nearonessum forðam þe ic swa earm ne mæg wesan afrefredu. Forðan ungeendedu is min
gnornung 7 mine wita ne synt gelihte, ne min sar ende næfð. Nis me nænig leoht ne nænigo
byldo on minum mode, forðan þas witu ic ærest aberan ne mæg."

'Ða deoflu hire þonne 7sweriað 7 cweðað: "Næfst ðu hiht ne byldu on þe eallra þara
goda þe ðe God on eorðan geaf. Hwig þincað þe þas witu þy maran þe ðe ær þa gewyrhtu
þuhton?"

'Ongitað, mine þa leofestan,' cwæð se halga Isodorus, 'hu mycel nearones þære sawle
bið þonne heo hit gebetan ne mæg. Forðan ne lætað eow, men þa leofestan, / þysse
worulde welan beswican, forðan heo is sceort 7 swicol eallum þe hire fylgeaþ. Ealle þas
lænendlican earfeðnessa ende habbað; ac ða toweardan ende nabbaþ. Ne næniges mannes
lif ne bið to þan lange þæt on sceortre 7 on sarigre hwile ne geendige. Forðan sare 7 eal-
lum ðam unrotnessum on þysse worulde we beoð genætte. Nænig ne sie se ðe ne sarige
his synna. 7 wepan he sceal 7 hreowsian þæt he ne scyle on ecnesse heofan. Us gedafnað
þurh manigfealde earfeðnessa to ganganne on heofenarice. Lytle synt þas lænendlican
earfoðnessa þy we nu aræfnan magon for þæs lufan, 7 mycle synt þa meda 7 þæt ece
wuldor þe he us gehaten hæfð, gif we fullice wiðstandaþ deofles larum. swa mycle swiðor
swa we nu beoð nætte on þyssum life, swa mycle ma we feogað on ðam toweardan life.
Forðan symle God her wundað 7 swingð ða þe he wile habban 7 to þam ecan life gelædan.
Swa swa gold on ofne he hie syð 7 costað; 7 swa onsægdnesse he hie onfehð. Forðan ne
sceal nan man gnornigan on his untrumnesse ne cweðan: "Forhwan aræfne ic ðas yfel, oððe
hwi eom ic næted? Wala, tohwan þrowige ic þis?" Ac ma ðu scealt cweðan: "Dryhten, þe
ic syngode; swa mycel ic ne gefele, swa ic wyrðe eom." Se ðe gnornað on his untrumnesse,
God he tyrgð 7 his yrre he awecð. 7 se ðe hit geþyldlice abereð, God liðe he awacað to him.
Geþenc nu ðu, man, þonne ðu sie cwylmed on þyssum middangearde on þinum untrym-
nesse; beheald on þinum mode þa toweardan witu. Þonne þu gefele þæt sar, gemyne þæt
cwicsusles fyr. Gif ðu þe ondrædest þa toweardan witu, þonne ne sargast ðu na þæs
lænendlican. Þæt bið twyfeald yfel þæt man sarige his lichamlican earfoðnessa, forðan he
hie sceal þrowian swa þeah, 7 nafað his nane mede / æt Gode, ac hafað þa ecan geniðrunge.

'Wite ðu, man, butan Godes willan þe on becymeð þæt yrre. Ac ðonne he yrre ge-
worden bið 7 for urum synnum gegremed bið, þonne set he us þrowunga on, forðan þe he
wolde us to his willan gebigean. Þæs lichoman lustum we oftost fulgangað, forðan he sceal
bion hwilum swungen. Se lichoma oftost gesyngað, 7 forðan he sceal beon geuntrumod 7
witnod. Gif we woldon gesceawian us sylfe on ure heortan hwylce we wæron 7 us þonne
deman be urum gewyrhtum, þonne næron we eft geniðrode on þam ecan dome. Ac we

ungesælige byrnað on þysse worulde lufan 7 on hire gitsunge 7 lætað us colian þa lufe þæs heofonlican rices geleafan.'

85 Cwæð þæt se halga Ysodorus: 'Hu lange willað ge Cristenan recelease wunigan on þære fulnesse þæs lichoman fyrenlustes? Oflinnað, la, ær eow se deað ofercume. Ac eow þinceð swiðe earfoðlice þa ungeþwæran þeawas 7 þa gescyndan to forlætanne forðan þy ðæt dioful bið on eowrum heortum, þy eow eft biter gedeð þa swetnessa. Ac wiðstandað him nu, þa hwile þe ge magon 7 moton, 7 settað togeanes eowres lichoman lustum 7 cwicsusles
90 fyres bryne 7 settað beforan eow þone egeslican dom. 7 eowres deaðes dæg gemunað, forðan ælce dæg us nealæceð þære sawle gedal 7 ðæs lichoman. We witon hwæt we on þyssum dæge wyrcende wæron, ac we nyton on þysse nihte, þeah hio sie utalædedu 7 us þonne ðæt deoful læde on his witu þe us ær on life mid þære synbryne <afyllde 7 mid> unasecgendlican tintrego he us cwylmeð, se ðe we ær his willan worhton on worulde. For-
95 ðan us let God on þyssum life þæt oðera manna forðfor sceolde bion ure gelicnesse. Eawla, sawl, ðu ðe eardodest on þines lichoman tintregum, waca 7 gebide þinne Dryhten þe læs þe slæpende se deað ofercume.'

Gehyrað, / men þa leofestan, ða ðe her syndon on þyssum folce dysige 7 recelease, 119r
gangað to deadra manna bebyrignesse 7 geseoð þær lifigendra bysene. Io hie wæron us
00 gelice on þysse worulde wynsumnesse lifigende 7 him welena stryndon 7 him mycla æhta hæbbende wæron. Ac ðas ealle synt fram him anumen; þy hine ne scele nan man swa sylfne beswican þæt he him langes lifes wene.

'Ac ðu, man,' cwæð se halga Ysodorus, 'ic ðe bidde 7 halsige 7 geornlice ic þe manige þæt ðu nanwiht leohtlices ne leaslices ne do, ne ðu þine synna eft ne edniwa, ne þu þin
05 yfel to eft ne hwyrfe. Ac ðu, ma<n>, bewite þe sylfne 7 wite hwæt ðu eart 7 forhwan ðu sie 7 hwæt ðu sie 7 forhwan þu geboren wære oðþe to hwylcre nytnesse þu acenned wære 7 to hwylcum þinge ðu on þas woruld geeacnod wære. Gemyne þinne scippend 7 gemyne ðæt ðu geworht eart; 7 ongyt hwylcne þe God gesceop. 7 gemyne hwylc<ne> wyrhta þe geworhte 7 hu fæger Scyppend þe sawle onsette 7 sende. He ðe bebead þæt ðu healde
10 þinne rihtan geleafan 7 þæt ðu hæbbe bylwitne geleafan 7 wunige on þe se unforhta 7 se ungebrosnoda geleafa. Nænig þe mid unsnotre lare [ðe] beswice; ne nænig geþwornesse þysse worulde ðe ateo fram Godes willan. Ne nænig þing þristlice be Criste ðu sprec; ne nænig wiht ðweorlices be him ðu gehyr sprecan. Ac ðonne ðu hine cigst on þinum wordum, ne wiðsac ðu hine un þinum weorcum; 7 fram eallum þam þe sio æw forbyt <ðe wið-
15 bregð>. 7 nanwiht wið Godes bebodu ðu do, ac leofa on gode 7 gebide þe to him forðan þe ðurh yfelra manna þeawas 7 hira bysna man wyrð oft besmiten. 7 þurh godra þeawa 7 bysna man wyrð oft Gode gestryned. Ne syle ðu þine sawle on þines lichaman gew<eald>, ac geclænsa ðu þin mod fram yfelum geþohtum 7 gebridel<iað> eow fram þæs lichoman scionesse þæt eowre þoht<as sien> / clæne 7 hlutre. Forðan we witon þæt be urum ge- 119v
20 þohtum we sceolon beon demede <fram> Gode, nales þæt an þæt he ure lichoman sceawað ac eac swylce ure geþohtas. God |is se| dema; be urum geþohtum he mænð ure sawle. Forðan, þonne hie us cumað, utan him wiðstandan 7 of ure heortan aweorpan ða yflan geþohtas. Forþan ne mæg se lichama nanwiht don butan hit þæt mod wille. Utan clænsian ure geðohtas þonne; ure lichoma ne syngað.'

25 'Gehyr ðu, mann,' cwæð se halga Ysodorus, '7 hlyst to þan þe ic þe lære, 7 ongyt þa ðe ic þe to manige. Ne gewemmað eowre lichaman ðurh forhealdnesse. For eallum yflum hio ys wyrse, 7 manige men þurh hie forðcumað. Selre bið men þæt he swelte þonne he his lichoman fyrwetgyrnessum gewemme. Selre wære ðære sawle þæt hio hrædlice of ðam lichoman anumen wære ðonne he hie ðurh his synlustas forlure. Sio forhæfdnesse gedeð
30 Gode þone mannan nealæcan. Þær sio forhæfdnesse wunað, þær wunað God. 7 sio clænnes

us gehæt heofonarice. Sio fyrwetgyrnes besencð þone mannan on helle 7 sio fyrwetgyrnesse syleð þone mannan þam sweartan fynd ðe hine gelædeð to helletintregum. Eala ðu, man, gif ðe nu gyt þines lichoman uneðnessa hrinen oðþe hie ðe cnyssende fyrwetgyrnesse lære oððe nu gyt þin mod þe forhealdnesse myngie, gemyne þa toweardan 7 þa unasecgend-
135 lican witu, hu grimme hie synt. 7 forþan sie ðe swa mycel geornfulnes þa synna to betanne, swa ðe wæs ær hie to wyrcanne. Nænig þing on þysse worulde þe gedo þinra synna sorhleasne, ac ðurhwunige on þinre heortan ege 7 fyrhtu. Þurh þone ege ðu gebetest þa synne. Þær lufu ne bið, þær bið ealles lifes tolysnesse.

'Eala! hu unasecgendlica synt þysses lifes idelnessa 7 forwyrda! Forþan þeah þe we hie
140 forlæten, we ne sculon ure heortan eft to him hweorfan forþam þe ða welan forwyrðað 7 ðæt wuldor / forwyrð 7 sio fægernes forwisnað. God þone mannan to his anlicnesse geworhte, 7 þonne hwæðere idellice he swincð 7 on gewinne he bið drefed. He goldhord samnað, ac he ne wat hwam he hit samnað forðam þe we ealle nacode 7 forlætene arisað, swa swa we geborene wæron; 7 to þam andrysenlican we ferað nacode 7 earme 7 unrote
145 7 gesworcene mid ege 7 mid fyrhðu. Beforan heahsetle þæs ecan deman we beoð alædde, ðonne we bioð aworpene of þysses rices welan 7 of þysse worlde gefean. 7 we ne bioð gedyrstige for urum synnum urne Wealdend gesion. Ac ða ðe nu to swiðe ne blissiað on þysse leasan worulde welum, hie feoð þonne on þam toweardan dome. Ða ðe nu be sylfwille Gode þeowiað, hie gefeoð þonne on þam heofonlican brydbure. 7 ða ðe nu forlætað
150 þas eorðlican hie onfoð þonne þa heofonlican. Ac ða earman 7 þa synfullan to fyres tintregum hie beoð getogene. We graniað þonne, 7 ne bið se ðe ure gemiltsie. We geomriað þonne, 7 ne bið se ðe us hal gedo.

'Ac utan efestan, þa hwile þe we tide hæbben, to hebbanne ure handa to Dryhtne 7 cweðan þæt us gehæle God þæt we ne forwyrþen. La, hu lange we urne Wealdend 7 urne
155 Scyppend to hatheortnesse getihten! Ælce dæge he us gearwað, 7 we his bioð ungemyndige. Ælce dæge he us fedeð 7 ælce dæge he us miltsað, 7 we hira bioð forgitende. He us fet 7 he us scylt 7 ealle ussa nydþearfa he gesiehð. 7 þeah ælce dæge his bebodu we hyrwað. La, hwi ne sceamað us? Utan sceamian ure ærþan þe sio tid cume, ðe us nealæceð, þæt we sceolon ures lifes 7 eallra ura dæda riht agildan. 7 forðan uton oflinnan þara unarimedra
160 metta 7 þara gescyndendra gestreona 7 þara oftrædra symla 7 þara unrihthæmeda.

'Uton eac oflinnan þara tælnessa 7 uton us on gebedu gelomlæcan 7 uton ure lif on rihtre gewendan, ærðan us deað gegripe. Ic bidde 7 halsige æghwylcne Cristene / mann þæt we lætan ðas lare on ure heortan fæste wunian. 7 uton ne lætan hie diofol þurh his searwa us fram animan. Ac utan sorgian on ðysse medmyclan tide þæt we ne þyrfen wepan
165 in ecnesse þone biterestan wop. 7 utan winnan on þyssum lænan life þe læs we þrowien eft þa ecan tintrego. Þeos tid is sceort 7 sio <ecnesse> is mycel 7 ungeendod. Forðan þæt is se wyrresta dæg se nænigne onlyst. Þær bið soht fram anra gehwylcum hwæt he yfeles gedyde oðþe godes. Wa ðam þonne þe nu bið wælhreow forðan he bið cwylmed on ecnesse. Wa ðam þe nele nu his synna hreowe don forþan he bið seald þonne ðam reðestan feondum
170 þa hine grimlice deaðe cwylmað. Ne sceolon we to swiðe arian ussum flæsce þy læs hit eft in forwyrd forlæde. Se lichoma læmen is forðam þe he of ðam geworht wæs, 7 he eft to duste geweorðan sceal.

'Ac uton we, men ða leofestan,' cwæð se halga Ysodorus, 'eaðmodlice biddan God þæt he us gehealde her on worulde 7 on þære toweardan, se ðe leofað 7 ricsað aa butan ende
175 in ecnesse.'

Homily XXII

1 XXII immediately follows XXI, but the different opening and especially the non-LWS character of the language dissociate this piece from XIX-XXI.
Her: H is a minuscule form, written large, partly beyond the inside margin; *e* and *r* are small capitals.
10 *utgelæden:* erasure follows
15 *gesund:* Sisam 1976 suggested *-sund* was altered from *word*
23 *goda̱n: goðan* A, with cross-stroke for *ð* perhaps partly erased
25 *synt ... gnornunge:* n of *synt* and first n of *gnornunge* altered from r by erasure of descender
34 *cwelleras:* second *l* written above line
34-5 A provides a difficult reading, as Förster 1913b observed. I have inserted *7:* 'they [the devils] intend unspeakable grief and pain for it [the soul].'
35 *wælhreowlices:* second w over erasure
44-5 *[þe] Se de<a>ð... <ende is>: þe se deð ælces yfeles 7 eges* A; emendation proposed by Förster 1913b
50 *wita: a* written above underdotted *e*
53 *Hwig:* erasure of *þin* follows
62 *earfeðnessa:* final *a* underdotted (?)
71 *God:* erased *b* precedes
74 *cwicsusles:* second *s* written above line
90 *fyres: y* from *i* (?)
93 *<afyllede 7 mid>:* emendation proposed by Förster 1913b
98 Förster 1913b and Krapp 1932 held that a leaf was missing after fol. 118. I follow Ker 1957 in taking the text to be whole, reading ll. 98-102 as the words of the adaptor directed to his immediate audience. The interpretation is by no means certain, for Isidore is clearly the speaker of the direct addresses in ll. 16, 55, and 56.
Sisam 1976 quoted Maier's note for the end of quire xiv: 'Q [sign] deest; vestigia vero litt. S apparuisse mihi visa sunt.' Where one might expect to find the quire-signature, there is a rather large stain.
102 *þæt:* erasure of *æt* follows
104 first *ðu:* written above line
108 *hwylc<ne>:* emendation proposed by Förster 1913b
114-15 *<ðe wiðbregð>:* emendation proposed by Förster 1913b
116 *bysna:* erased *byra* precedes. Sisam 1976 noted that Maier saw *byria*.
117-19 A stain affects these lines. Maier's 1834 reading confirms Förster's 1913b conjectures of *geweald* and *þohtas.* With *gebridel* legible Förster's *begugað* should be dismissed, although his *sien* should be retained.
120 *<fram>:* proposed by Förster 1913b
121 *|is se|: se is* A
124 *geðohtas: ge* (MS $\bar{g}$) squeezed in
127 *manige:* erased *a* precedes
128 *gewemme: gewenige* A; emendation proposed by Förster 1913b
132 *gelædeð:* erased *h* follows
133 *cnyssende: cynsende* A; emendation proposed by Förster 1913b
139 *þysses:* second *s* over erasure
148 *leasan: leasean* A, with second *e* under- and overdotted
162 *gewendan:* space for about 7 letters between *wen* and *dan* (patched hole)
halsige: space for about 12 letters follows (patched hole)

166 <*ecnesse*>: emendation proposed by Förster 1913b
174-5 *butan ende in ecnesse:* a slight stain affects these words
175 The homily ends halfway down the page; the remainder of the page is blank. Sisam 1976 noted that at the foot there are about 6 widely-spaced letters, apparently spelling *uenite*.

homily xxiii, fols 133b-135b

Variants
Z Cotton Vespasian D.xxi, art. 5, untitled, fols. 18r-40v [Z is a slightly abbreviated translation of the entire Latin work]

OE Analogues
None

Sources
XXIII.1-116 Felix of Crowland, *Vita Sancti Guthlaci*, chs. 28-32 (Colgrave 1956, pp. 92-106)

Bibliography
Bolton 1961 [sees CCCC 389 or Cotton Nero E.i, or a MS like them, as the Latin source for the OE translation], Colgrave 1956 [gives the Latin text with valuable commentary], Gonser 1909 [gives the texts of Z and A with Douai 852 as the Latin witness], Roberts 1967 and 1970 [a necessary prolegomenon to Guthlac studies]

Wæs þær in þam sprecenan iglande sum mycel hlæw of eorþan geworht, þone ylcan hlæw iu geara men bræcon 7 dulfon for feos þingum. Ða wæs þær on oðre sidan ðæs hlæwes gedolfen swylce mycel seaþ. On þam seaþe ufan se eadiga wer Guðlac him hus 7 eardungstowe getimbrode.

5   Sona on fruman þæs ðe he þæt ancersetl gesæt, þa þohte he þæt he nawðer þara ne wyllenes hrægles ne linenes brucan wolde ac on fellenum gegyrlan þæt he wolde ealle dagas his lifes alifigean; 7 he hit swa forðgelæste. Ælce dæge wæs his ondleofenes swylc gemetegung of þære tide þe he þæt westen ærest eardigean began.

Þa gelamp hit sume dæge mid þy þe he þy gewunelican þeowdome his sealmas sang 7
10 his gebedum ætfealh, þa se ealda feond mancynnes gengde geond þæt græswang swa grymetende leo þæt he his costunga attor wide geond stregde. Mid þy he þa yfelnes mægen 7 his grimnesse attor teldað þæt he mid þy atre þa menniscean heortan wundað, þa semninga swa he of <ge>bendum b[r]ogan [wæs] his costunge [ða he ða þam] earhwinnendan stræle on þam mode gefæstnode þæs Cristes cempan.

15 Þa he ða se eadiga wer mid þære geætredan stræle gewundod wæs þæs werigan gastes, þa wæs his mod þæs eadigan weres swiðe gedrefed on him be þam onginne þe he ongan þæt westen swa ana eardigan. He ða hine hider 7 þyder gelomlice on his mode cyrde, 7 he gemunde þa ærran fyrena 7 leahteras þe he gefremede 7 geworht hæfde. He wende þæt he hie æfre gebetan ne meahte. Þa wæs se eadiga wer Guðlac mid þære ormodnesse swa
20 gedrefed 7 gewundod þæt he sylfa / nyste hwider he mid his mode cyrran wolde.   134r

Þa wæs ðy ðriddan dæge þære æfterfylgendan nihte þæt he ðam wolberendan geþohtum fæste wiðstod; 7 efne swa he witedomlice muðe sang 7 þus cleopode to Gode 7 cwæð: 'Min Drihten, mid minre geswencendnesse ic clypige 7 cige, ac gehyr ðu me 7 me gefultuma in minum earfeðum.'

25 Ða wæs sona æfter ðam þæt his se getrywa fultum him to com, sanctus Bartholomeus, 7 nalas þæt he him on slæpe ætywde, ac he wæccende þone apostol on <en>ge<l>licre fægernesse geseah 7 sceawode. 7 he wæs þa sona se eadiga wer swiðe feonde þæs heofonlican cuman. Frefrede hine þa sanctus Bartholomeus 7 hine mid wordum trymede 7 strangode, 7 hine het þæt he ne tweode no, ac þæt he wære anræde; 7 he him on fultume beon wolde
30 in eallum his earfeðum.

Ða he se haliga Guðlac þas word gehyrde his þæs getrywan freondes, ða wæs he on gæstlicre blisse 7 heofoncundre gife swiðe gefeo<n>de, 7 his geleafan fæste in God sylfne getrymede 7 fæstnode. Syððan seo tid wæs þæt næfre þæt deoful eft [wið hine] þære ormodnesse wæpnum on hine sceotode.

35 Swylce eac gelamp on sumne sæl, þa he ymb ða drohtunga smeade his lifes, hu he <Gode> mihte gecwemlicost <lifian>, ða coman þær semninga tu deoflu of þære lyfte slidan 7 þa mid cuðlicum wordum ðus cwædon: 'We syndon gewisse þines lifes, 7 þines geleafan trumnesse we witon, 7 þin geþyld eac we cunnon nu <un>oferswiðde; þær we þin cunedon 7 costedon þæt we mid manigfealdum cræfte ussa wæpna stræla wið þe
40 sendan. Wen[e] is þæt we ðe furðor ne wyllan leng swencan ne ðe mid brogan bysmrian, ac nales þæt an þæt we ðe ðæs nu nellað lettan þæs ðu geðoht hæfdest, ac we ðe eac wyllað secgan be ðam eallum þe iu geara westen geardodan, hu hie heora lif lifdon. Moyses æ<r>st 7 Elias hie fæston, 7 swylce eac se Hælend ealles middangeardes in westene he fæste, 7 swylce eac ða mæran munecas þe mid Egiptum wæron 7 þa ær in westenum ear-
45 dodan, þa ðe þurh heora forhæfednesse in him ealle uncysta ofslogon 7 acwealdon. Þonne gif ðu þæs wilnast þæt ðu of ðe ða ærran fremednesse yfelra / leahtra ofaðwea, þonne scealt þu þinne lichaman þurh forhæfednesse wec[c]ean forþan swiððor swa ðu þe her on worulde <s>we<n>cst 7 wec[c]est to forgifenesse þinra gylta, swa ðu þonne eft bist in ecnessum getrymed fæstlicor; 7 swa micle swiðor swa ðu on þyssan andweardan life ma
50 earfeða dreogest, swa micle þu eft in towyrdnesse <gefehst>; 7 þanne þu bist on fæsten her on worulde astreaht, þonne byst ðu ahafen for Godes eagan. Forðan þin fæsten ne sceal beon þæt a<n> twega daga fyrst oððe þreora oððe ælce dæge þæt ðu ðe swa on teala micelre forhæfdnesse ahebbe, ac on seofon nihta fyrste<s> fæsten bið to clæn- sigeanne se man. Swa on syx dagum ærest God ealles middangeardes fægernesse gehiwode
55 7 on þam seofoðan hine reste, swa þonne gedafenað þane man gelice <þurh> syx daga fæsten þone gast frætewigean 7 þonne þy seofeðan dæge mete þycgan 7 his lichoman restan.'

Ða he ða se eadiga wer þas word gehyrde, þa aras he sona 7 to Gode cleopode 7 hine gebæd 7 þus cwæð: 'Min Drihten God, syn mine fynd a onhinder gecyrred, forðan ic þe
60 ongite 7 geþence, forðan þu eart min Scyppend.' Þa sona se awyrgeda feond efne swa rec beforan his onsyne aidlode. He þa sona forseah þa deofollican lare forþan h[i]e þa ealle idle 7 unnytte ongeat, ac þa feng to þære teala myclan 7leofone, þæt wæs to þam berenan hlafe, 7 þone geþygde 7 his feorh bigferede. Ða þa werigan gastas þis ongeaton þæt he for- hogode hie 7 heora lare, hie þæt mid wependre stefne bemurnon 7 wide geond þæt land
65 wæðdon. 7 he se geadiga wer swa gesigefæsted þa bysmornesse ealle forhogode þara werigra gasta 7 him for naht dyde [7 him for naht dyde].

Swylce eft gelamp on sumum sæle ymb unmanega dagas þæs þe he Guðlac þy gewune- lican þeowdom<e> wæccende þa niht in halegum gebedum wunode. Þa on þære nihte stilnesse gelamp semninga þæt þær com micel mænego þara werigra gasta 7 hie eal þæt hus
70 mid heora cyrme gefyldon; 7 hie on ælce healfe inguton, ufan 7 neoþan 7 æghwænon.

Wæron hie <on> onsyne egeslice, 7 hæfdon <micle> heafdu 7 lange sweoran 7 mæ[ni]g<e>re onsyne wæron fulice / 7 orfyrme on heora bearde, 7 hæfdon ruge earan 7 woh neb <7> egeslice eagan 7 ondrysenlice muðas. 7 heora teð wæron horses tuxum gelice; 7 him wæron þa hracan lige afylled, 7 hie wæron ondrysenlice on stefne; 7 hie hæf-
75 don wo sceancan 7 micle cneowo 7 hindan greate 7 misscrence tan, 7 has hrymedon on heora cleopunge. 7 hie swa ungemetlice hrymdon 7 foran mid forhtlicum egesum 7 unge- þwærnessum þæt hit þuhte þæt hit eall betweoh heofone 7 eorðan hleoðrode þam egesli- cum stefnum.

Homily XXIII

Næs þa nænig ylding to þam syððan hie in þæt hus comon, hie ða sona þone halgan wer eallum limum gebundenum hine tugon 7 læddon ut of ðære cytan, ond hie hine on þæt swearte fenn læddon 7 hine on þa horwihtan wæter wurpon 7 besencton. Æfter þam hie hine bæron 7 læddon æfter reðum stowum þæs westenes betuh þa þiccan gewridu þara brymela þæt eal se lichoma wæs gewundod.

Mid þy hie ða lange on þære þystran nihte hine swa læddon 7 swencton, þa leton hie hine bidan ana 7 gestandan. Heton hine þa þæt he of ðam westene gewite oððe, gif he þæt nolde, þæt hie woldon <hine> mid maran brogan bysmrigan 7 wæcan. He ða se eadiga wer heora worda ne gymde, ac he mid witigende muðe þus cwæð: 'Dryhten me is on ða swiðran healfe forðam ic ne beo oncyrred.'

Þa æfter ðam þa werigan gastas hine genamon 7 hine swungon mid isenum swipum, 7 þa æfter þam hine læddon in þam andrysenlicum fiðerum betuh ða caldan facu þære lyfte. Þa he ða wæs on þære heannesse þære lyfte up gelæded, þa geseah he ealne norðdæl heofones swylce he wære þam sweartestum wolcnum afylled swið<lic>ra genipa.

Þa geseah he semninga þær ða ondrysenlican fiðeru ongen cuman þara werigra gasta 7 unmæte weorod hyra þær coman togenes, 7 hie sona þær tosomne geþyddon. Hie ða sona þone halgan wer gelæddon to ðam sweartum tintreges gomum helledures. Ða he ðær geseah þa smicendan þrosmas þara byrnendra liga 7 þone ege þære sweartan nywylnesse, he ða sona wæs / [wæs] ofergeotol ealra þæra tintrega þe he fram þam werigum gastum ær dreah 7 drefde. 7 nalas þæt an þæt he þær þa leglican hyðe ðæs fyres upþyddan geseah, 7 eac þa fulan receas tunge swefles þær geseah upgeotan.

Hie þa sona þa werigan gastas betwuh ða grimlican ligeas inhruron 7 feollon, 7 þær þa sawla arleasra manna manigfealdum tintregum tintregud<on>. Þa he se eadiga wer Guðlac geseah þa micelnesse þara wita 7 hine for þy ege swiðlice onþræc, ða clypedon hie sona þa werigan gastas micelre clypunge 7 þus cwædon: 'Us is miht seald þe to scufanne on ðas witu þysse neowolnesse; 7 her <is> þæt fyr þæt ðu sylfa in þe bærndest, 7 for þinum synnum helleduru ongen þe openað.'

Mid þy þe ða werigea<n> gastas þyssum wordum spræcon 7 him swa to beotodon, þa andswarude he him 7 him to cwæð: 'Wa eow þystra bearnum 7 forwyrde tuddre, ge syndon dustes acsan! Hwa geaf eow yrmingum þæt, ðæt ge min geweald ahton in þas witu to sendanne? Hwæt! ic eom her 7weard 7 earo, 7 bide mines Dryhtnes willan. Forhwan <sccolon ge> mid eowrum leasum beotingum me bregean?'

Hie þa werigan gastas hine to ðam gegearwodon swylce hine man þær inscufan wolde. Þa semninga com se heofones biggenga, se haliga apostol sanctus Bartholomeus, mid heofonlicre beorhtnesse 7 wuldre scinende betuh þa dimman þystro þære sweartan helle. Hie ða þa werigan gastas ne meahton <for> þære fægernesse þæs haligan cuman þær gewunigean, ac hie sylfe in heolstre hyddon. Þa he ða se eadiga wer his þone getrywan freond geseah, ða wæs he mid gastlicre gefeannesse 7 on heofoncundre blisse swiðe gefeonde.

7 þa æfter þam fleah se haliga Guðlac mid þam apostole sancte Bartholomei to heofonarices wuldre 7 hine se Hælend þær onfeng 7 he þær leofað 7 rixaþ in heofonarices wuldre a butan ende on ecnesse. Amen fiat!

1ff. The Latin manuscripts make it clear that at this point the second part of the *Vita*, namely Guthlac's religious life on the island, begins. See Colgrave 1956, p. 182.

1 *Wæs: W* is a large *wynn*, about four MS lines tall, most of which is beyond the left margin. There is no other indication that a new item has been begun.

13-14 *<ge>bendum ... stræle: bendum 7 of brogan wæs his costunge ða he ða þam earhwin-*

nendan stræle A; emendation based on Gonser 1909 except for retention of *earhwinnendan*. Stilwell 1947 glossed *earhwinnendan* as 'piercing.'
18 *ærran fyrena*: Sisam 1976 noted that *n* of *ærran* and *f* are written over erasures.
21 *æfterfylgendan*: *-fyllendan* A; emendation based on Z
22 *efne*: *eft* A; emendation based on Z
23-4 Psalm 17:7
26 *<en>ge<l>licre*: *gelicre* A; *en, l* supplied from Z
29 *he̱*: *him* A; emendation based on Z
32 *gefeo<n>de*: *gefeode* A, with *ge* (MS *ḡ*) crowded in; emendation proposed by Gonser 1909
33 *[wið hine]*: emendation proposed by Gonser 1909
36 *<Gode>*: supplied from Z
   <lifian>: supplied from Z with spelling after Gonser 1909
38 *nu <un>oferswiðde*: the absence of *nu* in Z makes its presence in A suspect, especially since the necessary *un* is not prefixed to *oferswiðde*. *nu* may be a miscopying of *un*, but is retained here because it aids the sense.
39 *þe̱*: *mec* A; emendation based on Z
40 *Wen[e] is̱*: *Wene ic* A; *We* Z. Gonser 1909 emended to *Wen is* to retain the plurality found in l. 37.
41 *ðæs̱*: *ðær* A; emendation based on Z
   leṯtan: *lætan* A; emendation based on Z
   þæs̱: *þær* A; emendation based on Z
43 *æ<r>st*: *æst* A; *r* supplied from Z
45 *ealle̱*: *eallum* A; emendation based on Z
45-9 As A stands, the devils are urging Guthlac to be excessive in fasting and vigils. While the temptation to fast excessively is a theme in the *Vita* (cf. ch. 30), it is easier to see in this passage a confusion involving the verbs *wæcan* 'to afflict' (*adfligere*) and *wæccan* 'to keep vigil' (*vigilare*). The absence of *swencst* in A further suggests scribal confusion.
47 *þinne*: second *n* written above line
   wec[c]ean: emendation based on Z
48 *<s>we<n>cst*: *wecst* A; emendation based on Z
   wec[c]est: emendation proposed by Gonser 1909
50 *<gefehst>*: *forgifest* A; emendation based on Z
55 *<þurh>*: supplied from Z
59-60 Psalm 55:10
59 *gebæd ... onhinder*: *gebæd* and *der* of *onhinder* begin fol. 134v, l. 15 and 134v, l. 16 respectively, a few letters in from the left margin. Sisam 1976 suggested a two-line letter, perhaps *wynn*, and noted that Maier commented on line 15 '2 litteras.'
60 *min Scyppend*: over erasure?
61 *h[i]e*: emendation based on Z
62 *idle*: written above line
64 *þæt land*: Sisam 1976 noted that scribe changed first letter of *þæt* from *ƿ* to *þ*.
70 *hie̱*: *him* A; emendation based on Z
71 *<on>*: supplied from Z
   <micle>: supplied from Z
72 *mæ[ni]g<e>re*: *mænigre* A; *manigre* Z; emendation proposed by Gonser 1909
73 *<⁊>*: supplied from Z
85 *bidan*: originally *bindan* but first *n* under- and overdotted

85 *ana:* second *a* from *u*
86 *<hine>*: supplied from Z
92 *swið<lic> ra:* swiðra A; emendation based on Z
96 *þrosmas:* þismas A; emendation proposed by Gonser 1909
98 final *7:* Gonser 1909 proposed emendation to *ac*
100 *inhruron:* h written above line
101 *manna:* space for about 6 letters precedes
    tintregud<on>: on supplied from Z
104 *<is>*: the omission in A and Z may be stylistic
106 *werigea<n> gastas:* there is unclear writing between these two words. Sisam 1976 suggested *g* was altered from *n*.
107 *tuddre:* tuddor A; emendation based on Z
110 *<sceolon ge>*: supplied from Z
    eowrum: erasure after *eow*
114 *<for>*: supplied from Z